Los melindres de Belisa

LOPE DE VEGA

LOS MELINDRES DE BELISA

Edición, prólogo y notas de Francisco Crosas

EDICIONES RIALP, S. A.
MADRID

Preimpresión: MT Color & Diseño, S. L.
ISBN: 978-84-321-4772-2
Depósito legal: M-5540-2017
Impreso en Anzos, S. L., Fuenlabrada (Madrid)

Prólogo

Amigo lector (¡ojalá fueras espectador!), tienes en tus manos una brillante comedia de enredo del Fénix de los Ingenios; no de las más conocidas, pero divertida como pocas.

En el siglo XVII el espectáculo social por antonomasia era el teatro. Más concretamente, el teatro de corral, al que gente de todas las categorías acudía a divertirse y a aprender; del Rey abajo, todos.

Gustaba la tarde de fiesta, pues las comedias iban acompañadas de entremeses, jácaras y mojigangas. Gustaban los actores; los había muy buenos y apreciados. Gustaba, claro, el texto; y, entre muchos dramaturgos geniales, Lope, Calderón y Tirso se llevaban la palma.

La comedia cómica de capa y espada, como la que tienes ante tus ojos, funcionaba mediante una técnica llamada enredo: el público sabe en cada momento qué está sucediendo sobre las tablas, pero los personajes no, pues son víctima de continuos malentendidos causados por las suplantaciones, voluntarias o no, de identidades. En este sentido, el cuadro escénico de los enamorados diciendo a oscuras sus amores a la persona equivocada es en extremo divertido.

Porque al corral de comedias la gente iba a entretenerse. Claro que era una diversión exquisita, como comprobamos cuando leemos las ediciones de lo que se representó en el escenario.

Los melindres de Belisa se debió de representar hacia 1607; su primera edición, supervisada por Lope, en la *Novena parte de Comedias*, Madrid, 1617.

Disfruta de esta desenfadada comedia y no desprecies la sátira que contiene. No te la voy a explicar. Debes sacar tú tus propias conclusiones e identificar en la obra el *delectare* y el *prodesse*.

Francisco Crosas
Toledo, 16 de diciembre de 2016

COMEDIA DE [1]
LOS MELINDRES DE BELISA
DE
LOPE DE VEGA CARPIO

---

[1] Texto tomado de *Obras de Lope de Vega, publicadas por la Real Academia Española*, tomo XII, Madrid, 1930, 649-687. Para la primera jornada, sigo el manuscrito autógrafo conservado en la Biblioteca Menéndez Pelayo de Santander. Tengo a la vista las ediciones críticas de H. C. Barrau, Amsterdam, 1933, y la de Jorge León en la *Parte IX*, PROLOPE, Lleida, 2007. Modernizo mínimamente ortografía y morfología.

Tiberio	Celia
Lisarda	Felisardo
Eliso	Carrillo
Fabio	Don Juan
Un alguacil	Flora
Un escribano	Prudencio
Belisa	Cuatro lacayos

JORNADA PRIMERA

Tiberio y Lisarda

TIB.   En fin, ¿se ha quitado el luto?
LIS.   Ha más de un año la muerte
     de su padre.
TIB.   Desa suerte
     podremos decir que es fruto
     de la tristeza el contento.
LIS.   No lo será para mí,
     que tal marido perdí.
TIB.   ¡Oh, qué inútil sentimiento!
LIS.   ¿Inútil? Pues ¿no es razón
     que llore su compañía
     una mujer que tenía
     tanto amor y obligación?
     ¿No sabes tú que aun las aves
     dan ejemplo, pues que muda
     una tórtola vïuda
     su canto en quejas süaves,

y no se vuelve a casar,
si una vez su esposo pierde,
ni se sienta en ramo verde?[2]

TIB. Pues ¿dónde se va a sentar?

LIS. En un espino, en un ramo
seco.

TIB.   Desa imitación
como tortolillas son
las que deste nombre llamo;
que así Dios me dé salud
que pienso que se han sentado
sobre espino por estrado[3],
tal es su grande inquietud.
No paran en todo el día.

LIS. Eso no me toca a mí;
y es que jamás pretendí,
Tiberio, otra compañía.

TIB. Pues en verdad que pudieras,
que bien moza has enviudado
y con hacienda que ha dado
codicia, si tú quisieras,
a más de seis pretendientes.

LIS. ¿Con dos hijos?

TIB.   Y con doce.

LIS. Mal tu pecho me conoce.

TIB. ¿Tú negarás lo que sientes?

---

² Motivo folclórico: la tórtola viuda, no admite nunca más compañía, se sienta sobre una rama seca y enturbia el agua antes de beberla.

³ Estrado: tarima de la sala de estar dedicada a las mujeres, donde se sientan sobre cojines.

LIS.   ¿Qué es negar? Cien mil ducados
          mi marido me dejó,
          mas con dos hijos, que yo
          pienso ver presto casados
          y recogerme a la aldea
          con una esclava[4] no más
          y un escudero.
TIB.   Pues das
          En lo que es razón que sea,
          ¿cómo vas tan descuidada
          en que se case Belisa?,
          pues que ya su edad te avisa
          y el ser de mil conquistada;
          que don Juan, al fin, es hombre…
LIS.   ¿Cómo puedo yo casar
          a Belisa y dónde hallar
          un hombre tan gentilhombre
          y con partes[5] tan notables
          como imaginadas tiene?
TIB.   ¿En ese humor se entretiene?
LIS.   Hay mujeres incasables,
          que dan en ser tan curiosas[6],
          que se las pasan las vidas

---

[4] Aquí la acepción de esclavo se acerca más a la de criado. Aunque existe entonces un cierto tipo de esclavitud (el trato que se da a Zara y Pedro en la comedia resulta ya anacrónico), el papel de los esclavos es el de sirvientes para los menesteres más elementales.

[5] Se refiere tanto a las prendas físicas y morales como a su hacienda y posición social.

[6] Curiosas: aquí, remilgadas, exigentes y puntillosas.

en andar desvanecidas
y a todo el mundo enfadosas.
Y tardando en escoger
lo mejor suelen pasar
y andan después a rogar[7].

TIB.	Luego ¿piensas que ha de ser
Belisa desa manera?

LIS.	Pues ¿ha hecho el cielo cosa
más cansada y melindrosa,
ni hombre que apetezca y quiera?
A codicia del dinero,
del entendimiento y talle,
es una lonja esta calle
del ginovés caballero[8],
del indiano portugués[9],
del papelista, el letrado[10],
el viejo rico, el soldado,
el lindo[11], aunque no lo es
ninguno dellos con ella;
a todos faltas les pone.

---

[7] Acuden a la intercesión de los santos para obtener un marido. El santo más invocado a este propósito ha sido y sigue siendo san Antonio de Padua.

[8] La tradición literaria áurea el genovés se distingue por su riqueza y su codicia.

[9] Portugués que se ha enriquecido en las Indias occidentales y, a su vuelta a la Península, vive de las rentas acumuladas.

[10] Papelista: aquí, probablemente, burócrata de la Corte, hombre de papeles, equivalente a nuestro 'funcionario'; letrado: jurista, hombre de leyes, figura abundante en la Corte.

[11] Lindo: personaje masculino de la comedia áurea, de tintes ridículos, que se caracteriza por su afectación y su excesivo cuidado del arreglo personal.

TIB.   Pues Belisa me perdone,
         que aunque es tan discreta y bella,
         no se ha de desvanecer
         en arrogancias injustas.
LIS.   Tiberio, si hablarla gustas
         y quieres darla a entender
         esta locura en que ha dado,
         hoy está hermosa y gallarda,
         que ciertas vistas aguarda;
         háblala.
TIB.   Estoy enojado,
         y a fe que se ha de casar
         de mi mano, aunque no quiera.
LIS.   Hoy cuatro novios espera;
         no sé si le han de agradar.
TIB.   ¿De cuatro en cuatro la piden?
LIS.   Pica el dinero, Tiberio…
TIB.   ¡Métase en un monasterio!
                 Sale Belisa y Flora, criada
FLO.   Las celosías impiden
         que no veas bien la calle,
         pues dices que el del overo[12]
         no era galán caballero,
         bizarro y de lindo talle.
BEL.   Flora, aquellas celosías[13]
         los ojos me han afrentado.
FLO.   ¿Cómo?

---

[12] Caballo color canela.
[13] Celosía: enrejado de madera que permite ver el exterior sin ser visto.

BEL.   En las niñas me han dado
de palos.
FLO.   ¡Qué niñerías!
BEL.   Como los ojos llegué
a sus palos, ellos fueron
tales, que al fin me los dieron;
pero luego me vengué.
FLO.   ¿De qué suerte?
BEL.   Del estuche
saqué un cuchillo y los di
de puñaladas allí.
FLO.   ¡Quién hay que tal gracia escuche!
¿Mataste la celosía?
BEL.   Hice, a lo menos, lugar
por donde pude mirar
quién por la calle venía.
Mas presto vino el castigo,
pues en vez del caballero
pasó…
FLO.   ¿Quién?
BEL.   ¡Un aceitero!
FLO.   ¿Y mirástele?
BEL.   Eso digo:
que le miré y me manchó
el vestido.
FLO.   Pues ¿podía,
tú detrás de celosía
y él en la calle?
BEL.   ¿Pues no?
Mírame bien.
FLO.   ¿De mirar

              el que va aceite vendiendo
              te has manchado?
BEL.   Así lo entiendo;
              vestido me puedes dar
              y éste harás luego vender.
FLO.   Mira que muy limpio está.
BEL.   Necia, ¿no te he dicho ya
              que daño me suele hacer
              quererme contradecir?
              ¡Jesús, qué fiero accidente[14]!
FLO.   ¿Cómo?
BEL.   Este pulso, esta frente…
              Mira, estoy para morir.
              ¡Qué terrible calentura!
FLO.   No pienso contradecirte
              en mi vida, que servirte
              mi amor y lealtad procura.
              De rodillas te suplico
              me perdones.
BEL.   Ya cesó
              la calentura.
FLO.   ¿Quedó
              calor alguno?
BEL.   Tantico;
              pero ya se va aplacando.
FLO.   Tu madre y tu tío…
BEL.   ¡Ay, Dios!
              ¿A dos me nombras?
FLO.   Los dos
              te están sirviendo y amando.

---

[14] Aquí, enfermedad, repente, soponcio.

BEL.   Tráeme luego la labor,
        no me vean tan ociosa.
FLO.   ¿Quieres las randas[15]?
BEL.   Es cosa
        cansada, aunque es de primor;
        y entre tantos majaderos[16]
        hay uno que me ha quebrado
        las manos. ¡Ay, que me han dado,
        Flora, dolores tan fieros
        que no los puedo sufrir!
FLO.   Mira que aún no te he traído
        la almohadilla[17].
BEL.   ¿No has oído
        que no has de contradecir?
        Tráeme una banda[18] al momento
        en que descanse la mano.
LIS.   Persuadilla será en vano.
TIB.   ¿Tan grande imposible intento?
        ¡Sobrina!
BEL.   ¡Señor!
TIB.   A fe
        que sales del luto hermosa.
BEL.   A lo menos deseosa
        de servirte.
TIB.   Bien se ve
        que andas de boda.

---

[15] Randas: encajes de bolillos, puntillas.

[16] Majadero: bolillo, cada uno de los palitroques en los que se enrollan los hilos con que se elabora el encaje.

[17] Se refiere al mundillo en que se prende con alfileres el patrón del encaje de bolillos y sobre el que se trabaja.

[18] Pieza de tela.

LIS.   ¡Hola[19], Flora!,
        sillas y dos almohadas[20].
FLO.   La banda es esta.
BEL.   Pesadas
        hacen las tocas agora.
        Toma allá, que puede darme
        más cansancio que provecho.
FLO.   Sillas hay aquí.
BEL.   Sospecho
        que vienes a predicarme.
TIB.   Pues ya, si oírme procuras,
        toma almohada.
FLO.   Yo voy
        por ella.
TIB.   Tu padre soy.
BEL.   No la traigas de verduras[21];
        que ayer, de sentarme en ella,
        mal de estómago me dio.
TIB.   ¿Lo verde te resfrió?
BEL.   Mátanme las hierbas della.
FLO.   Aquí tienes almohada.
TIB.   Siéntate, Lisarda, aquí;
        tú, sobrina, junto a mí.
BEL.   ¡Oh cuánto el sentarme enfada
        entre borlas de colores!

---

[19] No es saludo familiar sino forma de llamar la atención de los criados antes de darles una orden.

[20] La silla para Tiberio, sobre el suelo, y las almohadas para Belisa y su madre, sobre el estrado o tarima donde estaban Belisa y Flora.

[21] Aquí, motivos decorativos vegetales. Se juega con la dilogía.

TIB.   La causa esperando estoy...
BEL.   Porque presumo que estoy
     sentada en cuatro doctores[22].
TIB.   ¿Cómo va de casamientos?
BEL.   Mal, tío, nadie me agrada.
TIB.   ¿Qué es lo que dellos te ofende?
BEL.   Tener mil faltas.
TIB.   ¿Qué faltas?
BEL.   Un letrado me traían
     calvo.
TIB.   ¿Qué importa la calva?
BEL.   Cuando yo fuera mujer
     espiritüal y santa,
     y para vencer la carne
     –gran enemigo del alma–
     quisiera una calavera
     tener de noche en la cama,
     lindamente me venía
     un hombre al lado con calva.
LIS.   Era muy rico.
BEL.   Ya quise
     asir la ocasión; estaba
     sin copete por la frente
     y volvióme las espaldas[23].

---

[22] Alusión al birrete o tocado del traje académico (aún vigente hoy día) de los doctores, que llevan la borla del color de su disciplina.

[23] La Ocasión: motivo mitológico, habitual en los libros de emblemas, representado por una mujer desnuda, sobre una rueda y con un solo mechón de pelo en la frente. Sólo si se la ase por él cuando viene, uno la aprovecha.

LIS.   ¿Por qué dejaste al maestre
de campo?

BEL.   ¿No es casi nada
faltar un ojo?

LIS.   ¿Qué importa?,
pues se le pone de plata.

BEL.   Yo te diré la ocasión.

LIS.   Dila.

BEL.   Si este hombre jurara,
"como a mis ojos te quiero",
y le costaba el de plata
dos reales, en otros tantos
mi amor y vida estimaba.
Fuera deso, no podía
llamarle "mis ojos".

LIS.   ¡Calla!

BEL.   Pues llamarle yo "mi ojo"
era ser negra[24].

TIB.   ¡Oh, qué gracia!

LIS.   ¿Qué dirás del portugués?

BEL.   Que en el pecho y las espaldas
se ha de poner el cilicio[25].

LIS.   No te entiendo.

BEL.   Aquellas barbas
negras, cerdosas y espesas
era ponerme en la cara,

---

[24] Alusión al "lenguaje de negros", habitual en la literatura
áurea, y que se caracteriza, entre otras cosas, por la elisión siste-
mática de la sibilante final en los plurales.

[25] Cilicio: instrumento de penitencia, ya en forma de cadeni-
lla de hierro, con púas, ya de piel de cabra o tela basta que se
aplica sobre la piel.

         y aun en la boca, un cilicio
         y en la lengua una mordaza.
LIS.   ¿Y aquel caballero rico
         de aquel lugar de la Mancha?
BEL.   Tenía grandes los pies.
LIS.   ¿Esa es falta de importancia?
BEL.   No, madre, que sobra era,
         y temí, si se enojaba,
         que era sepultarme en losa,
         cubrirme de una patada.
         Vile algo negras las uñas,
         y no pretendo en mi caza
         cernícalo de uñas negras[26].
LIS.   ¿Y no las tenía blancas
         el caballero francés?
BEL.   No quiero yo ser *madama*
         ni llamar *mosiur* mi esposo.
LIS.   Pues dime: ¿en qué hallaste falta
         en don Luis, mozo y galán,
         cuyos pechos esmaltaba
         un lagarto de Santiago?
BEL.   ¡Calla, madre, que me espantas!
         ¿No dicen que las mujeres
         a sus maridos abrazan?
         Con un lagarto en el pecho,
         en mi vida le abrazara.
TIB.   Sobrina, llámase así

---

[26] Se juega con el motivo del ave de cetrería (tipo de caza propio de la nobleza), el color de sus garras y la suciedad de quien no lleva limpias las uñas.

	aquella cruz colorada,
	que es espada y no es lagarto.
BEL.	Bastaba la semejanza
	para matarme de miedo.
	¡Jesús!
TIB.	Mas, ¿que te desmayas?
	Pues, sobrina, si ninguno
	te agrada, y la edad se pasa
	como la flor, tiempo viene,
	a quien le tiene y le aguarda,
	en que después se arrepiente.
LIS.	¿Llaman?
FLO.	Sí.
LIS.	Mira quién llama.

Un Alguacil y un Escribano

ALG.	Siempre entramos sin licencia.
TIB.	Siempre la tienen las varas[27].
ALG.	Los términos han pasado;
	mira si quieres, Lisarda,
	que saque prendas a Eliso[28].
TIB.	¿Con Eliso en pleito andas?
LIS.	No hay remedio de cobrar
	los dos mil ducados.
TIB.	Basta,
	que olvida su obligación
	y como a mujer te trata.
LIS.	Un año habrá que murió
	mi marido y que no acaba

---

[27] La vara de mando es el atributo del administrador de justicia y del gobernante.

[28] Eliso, deudor de Lisarda, va a sufrir un embargo por no haber satisfecho la deuda en el término legal establecido.

de pagarme; y si he callado
es por la amistad pasada
y la que tiene de nuevo
con don Juan, mi hijo.

TIB.   Vayan
y sáquenle prendas.

ALG.   Vamos,
que no está lejos su casa.

       Váyanse

TIB.   Yo también me quiero ir.

LIS.   Belisa está desmayada.

TIB.   ¿Qué tienes?

BEL.   Imaginé,
como le vi con la vara,
que me sacara los ojos.

TIB.   Ojos no, mas prendas sacan.

FLO.   Cuatro novios por lo menos
aguardan.

LIS.   ¿Dónde?

FLO.   En la sala.

LIS.   ¿Quién son?

FLO.   Fabricio.

BEL.   Ya he visto
a Fabricio.

TIB.   ¿En qué te cansa
Fabricio?

BEL.   En barba y cabeza
tiene ciertas moscas blancas[29],

---

[29] Canas. El motivo del viejo que busca esposa joven es muy
fecundo en la literatura de todos los tiempos.

	y cuando ya hay tantas moscas,
	es que el verano se acaba.
FLO.	El otro es médico.
BEL.	¡Lindo!
	Con médico siempre en casa
	pensaré que estoy enferma;
	frío me da de cuartanas[30],
	tiemblo: ti, ti, ti, ¡Jesús!
	¡Hola!, llévame a la cama.
TIB.	Si no fuera mi sobrina,
	le diera dos bofetadas.
LIS.	No lo oiga, triste de mí.
	Vamos a misa, muchacha,
	y despídanse esos novios.
TIB.	¿Dónde irás tan de mañana?
LIS.	A San Jerónimo iré[31].
BEL.	¡Ay, no madre!
LIS.	¿Por qué causa?
BEL.	Tiene a los pies un león
	que siempre que entro me espanta[32];
	y una vez, madre, no dudes
	que ha de saltarme a la cara.
LIS.	Pues no nos pongan el coche,
	que a San Miguel a pie basta.

---

[30] Fiebres palúdicas que se reproducen regularmente, cada cuatro días.

[31] Monasterio de San Jerónimo el Real, del que hoy permanece sólo el templo. Entonces estaba a las afueras de Madrid, por lo que se alude al coche.

[32] El león domesticado es uno de los motivos indispensables en las representaciones de San Jerónimo penitente, en el desierto de Judea.

BEL.   ¿Y no es nada el de los pies
         junto al peso de las almas[33]?
TIB.   ¡No vendré a verte en mi vida!
FLO.   Los novios, señora, aguardan.
BEL.   ¡Jesús, y qué alteración!
         ¡Hola!, dame un vidro[34] de agua.
         Eliso y Fabio, criado
FAB.   Intenta, por tu vida, el casamiento,
         que es rica, bien nacida y muy hermosa.
ELI.   Belisa tiene extraño pensamiento
         en no agradarse de ninguna cosa;
         cada día en la Corte hay nuevo cuento[35]
         desta dama cansada y enfadosa,
         porque son sus melindres postres[36] y antes
         alivio de cansados caminantes.
         Verdad es que mil cosas le levantan
         costumbre de los cuentos, que, en efeto,
         van creciendo contados; que adelantan
         todos cuantos los cuentan un conceto.
         Todos los hombres dice que la espantan;
         ni ella le quiere necio ni discreto;
         si es alto, porque sobra de lo justo;
         si es bajo, porque falta.

---

[33] Se refiere al diablo, que acecha a las almas que están siendo juzgadas por Dios y que son representadas iconográficamente por figuras en los platillos de una balanza que sostiene el Arcángel.

[34] No es errata. "Vidro", por vidrio, vaso.

[35] La Corte es el lugar por antonomasia del chisme y la habladuría.

[36] Melindre como dulce y como capricho; y postre como plato de un almuerzo y como "posterior".

FAB.	¡Lindo gusto!
ELI.	Un hombre desechó porque tenía un lunar en la cara, y por bermejo a un caballero.
FAB.	Mas razón tenía.
ELI.	¿Por qué?
FAB.	Por lo que dicen del pellejo[37].
ELI.	Mirando un novio muy galán un día, dijo, viéndole limpio como espejo: "Más que dormir con este mentecato, quiero comer, que es bueno para plato".
FAB.	En Alcorcón pudiera hacer Belisa un desposado, que es famoso el barro[38].
ELI.	Así le tuvo Eva. Burla y risa hace del más galán, del más bizarro.

Entre con la espada desnuda Felisardo

FEL.	¿Está aquí Eliso?
ELI.	¡Oh, Felisardo!
FEL.	Aprisa, que a un caballero…
ELI.	¿Qué decís?
FEL.	navarro pienso que he muerto acompañando a Celia,

---

[37] Alusión a la mala fama de los pelirrojos, de cuya condición era, según tradición apócrifa popular, Judas.

[38] Juego verbal con el motivo bíblico del barro con que Dios hizo a Adán, y la arcilla de Alcorcón, buena para alfarería, y con el barro que en pequeñas dosis comían las damas de la época para palidecer la tez y parecer así, según el canon de belleza de entonces, más hermosas.

> que venía del Prado[39] con Aurelia.
> Salieron de mañana a pasearse;
> salí, siguiolas este caballero,
> volvieron, y él detrás y sin quitarse
> de paso a fuente, a lo de bravo y fiero.
> Llegaron las crïadas a enfadarse;
> que no lo estaba yo poco primero.
> Hablele, respondió, vino derecho,
> mirele, alzó, metime[40], ya está hecho.
> Huyeron las mujeres, di la mano
> a Celia, y queda…

ELI.   ¿Dónde?

FEL.   A vuestra puerta.

ELI.   Metedla presto.

FEL.   ¡Celia, Celia!

CELIA   ¡Hermano!

FEL.   Aquí estarás segura y encubierta.

CELIA   ¿Pues dónde vas?

FEL.   Al Carmen[41].

CELIA   Es en vano
             quedar aquí sin ti menos que muerta.
             Si no hay peligro aquí, ¿por qué te alejas?
             Y si aquí no[42] le hay, ¿por qué me dejas?

---

[39] Lugar de recreo a las afueras de Madrid, sobre donde hoy se encuentra la célebre Pinacoteca que lleva su nombre.

[40] Le hirió con la espada.

[41] Convento carmelita situado en el centro de Madrid, en la calle que aún lleva su nombre y cuyo templo sigue en uso, junto a la Puerta del Sol. Felisardo pretende acogerse a sagrado para huir de la Justicia, que no podía allanar los templos y conventos.

[42] Parecería sobrar la negación, pero se lee así en el autógrafo y lo pide la métrica.

ELI.   Bien dice. Cierra, Fabio, nuestra puerta,
            que a más peligro vais por tantas calles.
FABIO   Yo voy.
ELI.   Aquí estará Celia encubierta,
            y tú, mientras remedio busques o halles.
CELIA   Bien dice, mientras algo se concierta,
            que dos mancebos de gallardos talles
            que me vieron venir no dirán nada.
ELI.   No temas, que no harán, si es gente honrada.
                    Fabio vuelve
FABIO   ¡Gran desdicha!
ELI.   ¿Qué dices?
FABIO   Que aun apenas
            cerraba las dos puertas de la calle,
            cuando veo que llega la Justicia.
            Llamaron, y yo haciendo que no oía,
            cerré para decíroslo.
FEL.   ¿Qué haremos?
ELI.   Esta casa no tiene parte oculta,
            ni menos de salir ventana o puerta.
FABIO   Señor, bien estarán en mi aposento.
ELISO   En caso de buscar hombre por muerte,
            no dejarán rincón que no le miren,
            y mucho más no habiendo abierto luego[43].
CELIA   ¡Ay, triste yo!
ELI.   No os aflijáis, señora.
            Intentemos siquiera alguna industria.
            Yo tenía en mi casa dos esclavos:
            Pedro, que a los caballos asistía,

---

[43] Aquí no significa "después" sino "inmediatamente".

porque era ya cristiano bautizado[44],
y Zara, una esclavilla granadina.
Los dos podéis fingiros, porque entrambos
están en la heredad. Tú, Felisardo,
ve a la caballeriza, y en la cuerda
que atraviesa de la una a la otra parte
hallarás el vestido que las fiestas
el esclavo se pone; y tú, señora,
en la cocina el que se pone Zara.
Tú toma el almohaza[45], tú los platos,
y no seréis de nadie conocidos.

FEL.   Yo voy

CELIA   Y yo a lo mismo.

FAB.   Ya nos quiebran
la puerta.

ELI.   Antes me espanto de la flema
con que llaman, buscando un delincuente.
Baja y di que yo estaba en mi escritorio
en papeles y cuentas ocupado,
y que nadie hasta agora los ha oído.
Y detente en hablar lo que pudieres
por que tengan lugar para vestirse.

FAB.   Yo voy, y quiera el cielo que suceda
tan felizmente que burlados queden.

ELI.   Por su desdicha conocerlos pueden.
Váyase Fabio
Tirano amor, cuya opinión temática

---

[44] El cuidado de los caballos no era tarea despreciable.

[45] Almohaza: cepillo con púas de metal para limpiar los caballos.

nos muestra bien la librería histórica;
escura ciencia en lengua metafórica
de la Esfinge de Tebas enigmática[46].
Dichoso el que se queda en tu gramática
y no llega a tu lógica y retórica[47];
pues el que sabe más de tu teórica
menos lo muestra en tu experiencia prática.
Pues igualas, Amor, en tu matrícula
los sabios y los bárbaros salvájicos,
el mar y el fuego, el hielo y la canícula,
yo seré Ulises a tus cantos mágicos[48],
pues solo vemos en tu acción ridícula
principios dulces para fines trágicos[49].

Entren Alguacil y Escribano y Fabio

ALG. Pudiera Vuesa Merced[50]
tener estilo debido
a quien es.

ELI. No lo he sabido,
y que le tengo creed.

---

[46] Con la que acabó Edipo, al resolver su célebre acertijo.

[47] Las tres disciplinas del *Trivium* que, con el *Quadrivium* (Geometría, Aritmética, Música y Astronomía), constituyó durante siglos lo que nosotros llamamos ahora bachillerato. Es decir, dichoso el que no pasa de las primeras letras en el arte de amar.

[48] Alusión a la estratagema por la que Ulises, en la *Odisea*, pudo escuchar el canto de las sirenas sin sucumbir a su fatal atractivo

[49] El uso de la rima esdrújula es aquí un elemento cómico, adecuado a la condición de Eliso, amante fingido y oportunista, que pretende hallarse a salvo de los tiros de Amor.

[50] Tratamiento de respeto, debido a alguien cuya superioridad en la escala social se reconoce. Pide el uso de la tercera persona del singular.

        Cuentas de hacienda intrincada
        divierten[51], y yo no soy
        portero en mi casa.
ALG.   Estoy,
        por ser de una casa honrada,
        dos horas a vuestra puerta
        y sale vuestro crïado
        muy dormido y enfadado.
ELI.   La bestia agora despierta,
        que no sale más temprano
        de la cama, y por mi vida
        que este descuido no impida
        el estilo cortesano
        digno de quien sois. Decid,
        ¿qué es lo que mandáis?
ALG.   Muy bien;
        eso diréis que también
        es estilo de Madrid[52].
        ¿No os acordáis que se os hizo
        por Lisarda ejecución?
ELI.   ¡Ah!, sí... tenéis gran razón.
        En fin, ¿no le satisfizo
        ningún concierto?
ALG.   Pasó
        la oposición, como veis;
        ningún término tenéis,
        porque todo se cumplió.

---

[51] En la lengua del Siglo de Oro "divertir" equivale a distraer, apartar de.

[52] El alguacil le reprocha la falta de cortesía tanto en el retraso a la hora de abrir como a la hora de pagar las deudas.

	Prendas os vengo a sacar[53].
ELI.	No tengo qué responder;
	Lisarda lo puede hacer.
ESC.	Licencia nos podéis dar.
ELI.	Entrad, que Fabio os dará
	mi plata y tapicería.
	Y si falta, que podría,
	satisfación se os dará
	con otras prendas.
ESC.	Muy bien;
	vamos.

Éntrense con Fabio

ELI.	Yo estaba engañado.
	Basta que siendo el buscado
	y el perseguido también,
	pensé que era Felisardo.
	Mas bien es que estén ansí,
	por si los conoce aquí,
	que mi deuda presto aguardo
	remediarla con dinero
	que espero en fin de este mes.
	Tomé el consejo después
	que fuera mejor primero.
	Porque si hubiera pedido
	a Belisa por mujer,
	pienso que pudiera ser

---

[53] Viene a ejecutar el embargo y llevarse prendas por valor de los dos mil ducados que adeuda. Celia y Felisardo, esclavos fingidos, formarán parte de ese lote de prendas.

de sus melindres marido[54].
Que toda mi cobardía
nació de su condición.
Entrar quiero, que es razón
a ver esta hacienda mía;
que tiempo habrá de pedir
a Belisa y de trocar
la deuda en deudo[55] y pagar
con el mismo recebir,
que es la hacienda poderosa;
pero bien es menester
para sufrir y tener
una mujer melindrosa.

    Éntrense y salgan Lisarda y Belisa y Flora

LIS.   Este hombre es un pincel,
    ¿por qué no te ha de agradar?

BEL.   Cuando te quieras casar,
    elige uno como él,
    que a mí no me satisfizo.

LIS.   ¿Por qué?

BEL.   Porque allí contó
    una pendencia y mostró...

LIS.   ¿Qué mostró?

BEL.   ¡Un puño postizo!

LIS.   ¿Eso importa?

BEL.   Hombre que a mí,
    señora, me ha de querer,
    ¿postizo le ha de traer?

---

[54] Eliso, amigo de la familia, pretende a Belisa en matrimonio por su cuantiosa dote. Será mejor recibida su demanda si la hace una vez satisfecha la deuda.

[55] Juego de palabras: deudo es pariente cercano.

          Y cuando le traiga ansí,
          ¿ha de ser tan descuidado
          que por hacerse valiente
          se le caiga, cuando cuente
          las cuchilladas que ha dado
          con el puño de la espada
          el puño de la camisa?

LIS.   Esos melindres, Belisa,
          me tienen ya muy cansada.
          No sé a quién te has parecido
          que yo no fui melindrosa.

BEL.   El ser yo limpia y curiosa
          ¿por melindres has tenido?

LIS.   Pues dime que no lo fue
          no querer al caballero
          toledano.

BEL.   Darte espero
          la razón.

LIS.   Yo no la sé.

BEL.   Tenía grandes los ojos,
          y algo el mirar espantado.
          Si así mira enamorado,
          ¿qué hará después con enojos?
          Muy bien despedido va,
          que vi la figura en él
          del rey don Pedro el Crüel[56],
          que en Santo Domingo está.

---

[56] Último rey de la dinastía de los Condes de Castilla, asesinado por su hermanastro Enrique II Trastámara. Es rey de infeliz memoria, muy maltratado por las crónicas, que le atribuyen el asesinato de su esposa.

LIS.	¿Y el que anteayer te ofrecí?
BEL.	¡Ay, Jesús!
LIS.	¡No te alborotes!
BEL.	Muy caídos los bigotes
	sobre la boca le vi.
	Imaginé que sería
	o perro de agua o salvaje[57],
	o que estaba algún potaje
	sorbiendo por celosía.
	Bien tiene, si come leche,
	con que poderla colar.
LIS.	Pues ¿quién te ha de contentar?
FLO.	¡Un marido en escabeche!

El Alguacil y el Escribano

ESC.	Hízose todo muy bien.
ALG.	Bien se ha hecho.
LIS.	¿De qué modo?
ALG.	Depositado está todo,
	y pídeme que te den
	dos prendas vivas a ti,
	que por fuerza le saqué.
LIS.	¿Prendas vivas?
ALG.	Por mi fe,
	que en toda mi vida vi
	dos tan gallardos esclavos.
LIS.	Hasme hecho gran placer.
ALG.	El uno es mujer.

---

[57] El salvaje es figura mitológico-folclórica, frecuente en la iconografía heráldica. Se caracteriza por su abundante pilosidad.

LIS.   ¿Mujer
herrada[58]?
ALG.   No tiene clavos,
pero puédelos poner
en cualquiera libertad.
¡Hola, Pedro y Zara! Entrad.
LIS.   Bizarros, no hay más que ver.
        Entren Felisardo de esclavo y Celia
ALG.   Yo los saqué porque creo
que un gran servicio te hago.
LIS.   Darele carta de pago,
tal gracia en los moros veo,
de los dos mil, y aun a ti
albricias[59] por que los dé.
ALG.   Eso es mucho; mas yo sé
que lo hará por ti y por mí,
y que en caso de vendellos
gustará de hacerte gusto.
LIS.   Cualquiera precio es muy justo,
aunque muy grande, por ellos.
ALG.   Yo tengo que hacer. El Cielo
te guarde.
LIS.   Veme después;
que tuya esta casa es.
ALG.   Que no tendremos, recelo,
necesidad de vender
prendas.

---

[58] Alude al castigo infligido a los esclavos marcándolos con hierros candentes (clavos). Va a ser motivo dinámico a lo largo de la comedia.

[59] Albricias: recompensa al mensajero que trae buenas noticias.

LIS.   Así lo imagino.
ALG.   Adiós.
FEL.   ¡Qué extraño camino
de desdicha, aunque ha de ser
para más remedio mío!
Que en aqueste traje y casa,
mientras esta furia pasa,
estar guardado confío.
Pero ¿cuándo historia alguna
de cuantas ha visto el mundo
dio capítulo segundo
al libro de la Fortuna?
¿Hay suceso más gallardo
que un hombre que hoy en Madrid
era más noble que el Cid
y más libre que Bernardo[60],
se vea esclavo y sacado
por prenda de ejecución,
no con mayor dilación
que lo que habemos tardado
en vestirnos Celia y yo,
sin Morato, sin Jafer,[61]
y sin poder responder
a estos hombres sí ni no?

---

[60] El Cid y Bernardo del Carpio, héroes de la épica medieval castellana.

[61] Nombres moros que aparecen en otros textos de Lope y de la época, atribuidos a piratas berberiscos, de lo que fueron víctimas tantos cristianos, como Miguel de Cervantes. Alude a lo absurdo de la situación de verse de pronto "convertidos" en esclavos moros.

	Yo estoy como loco aquí;
	no sé en qué podré parar.
CELIA.	Si me pudiera quejar,
	Cielo contrario, de ti,
	por el traje en que me veo,
	pues él me diera licencia,
	perdiera aquella paciencia
	que ya te pido y deseo.
	No puedo de mí quejarme,
	pues lo que me ha sucedido,
	engaño y no culpa ha sido.
	Mas ¿qué podrá resultarme?
	¿Qué daño puede venirme?
	Todo es servir ocho días.
BEL.	Bien dices, y tú podrías
	hablarle.
LIS.	Si él está firme
	yo le haré con el dinero
	que los deje, aunque no quiera.
	¡Esclavo…!
FEL.	Señora…
LIS.	Espera…
FEL.	¿Qué he de esperar si esto espero?
LIS.	¿Tu nombre?
FEL.	Pedro me llamo.
LIS.	¿Cristiano?
FEL.	Sí, por la gracia
	de Dios, aunque por desgracia
	mía te tengo por amo.
LIS.	¿Pésate de estar aquí?
FEL.	No, porque más me pesara,

si allá en la cárcel pagara
lo que no te debo a ti[62].

LIS.   ¿De dónde eres?

FEL.   De Granada;
aunque en Madrid he nacido
de esclava, que hubiera sido
reina, a no ser desdichada.
El hijo de Carlos Quinto,
don Juan de Austria, cautivó
a mi madre y nací yo,
de la Alpujarra distinto,
donde ella fue natural,
y un caballero español,
limpio y galán como el sol.

LIS.   ¡Qué lástima! ¿Hay cosa igual?
¿Y tú, esclava?

CEL.   Yo me llamo
Zara, y bautizarme quiero.
Soy de Orán, y estarlo espero
si vuelvo a ver a mi amo,
antes, señora, de un mes.

BEL.   Y aquí también, si tú quieres.
Por cierto, hermosas mujeres
tiene Orán.

LIS.   Esta lo es.
Flora, muestra la cocina
a Zara y lo que ha de hacer.

---

[62] Obviamente, lo que viene tras el "no" es pronunciado en *aparte*, recurso muy apto para el enredo, frecuentísimo en esta comedia y en todas las áureas.

Tú puedes venir a ver
cierto novio.

BEL.   ¡Qué mohína!
       Váyanse las dos

FLO.   Ea, Zara, ven conmigo.
Tú, Pedro, visitarás
la caballeriza.

FEL.   ¿Hay más
esclavos?

FLO.   No.

FEL.   No lo digo
por no servir.

FLO.   Un lacayo
del hijo de mi señora
cura de su coche agora
los caballos, y a él un bayo.

FEL.   ¿Hijo tiene?

FLO.   Y muy galán.

FEL.   ¿Anda fuera?

FLO.   Está en la cama.
Ronda de noche una dama
y no madruga don Juan.
Las doce le dan en ella
los más días. Tú tendrás
dueño, si en su casa estás,
hermano desta doncella,
que es ángel en condición,
y yo te regalaré;
que tu talle obliga, a fe,
y buena conversación.
De todo tengo las llaves.

          ¿Bebes vino? ¿Comes, di,
          tocino[63]?

FEL.   Pienso que sí,
          porque nací donde sabes;
          si no es que se me ha olvidado
          desde anoche que cené.

FLO.   ¡Oh, qué regalos te haré!

CEL.   Si has de ser tan regalado
          alaba, Pedro a los Cielos…

FEL.   Oye, Celia.

CEL.   No hay oír.

FEL.   Todo lo podré sufrir,
          pero no sufrir tus celos.

            Don Juan con una ropa, desabrochado, po-
            niéndose los botones, y Carrillo, lacayo

D. JUAN   ¿Ensillaste?

CARRI.   Ya lo está;
          pero es hora de comer.

D. JUAN   ¿Habrá misa?

CARRI.   Misa habrá.

D. JUAN   ¡Qué cansado vine ayer!

CARRI.   Con razón te cansas ya.

D. JUAN   En pidiéndome dinero,
          luego me desmayo y muero[64].

CARRI.   Muchos escriben remedios
          de amor, poniendo por medios

---

[63] Flora quiere comprobar que Pedro es un morisco verdaderamente converso y que, por tanto, vence la repugnancia religiosa y cultural de los musulmanes hacia estos alimentos.

[64] La figura de la *pidona*, mujer que exprime a su pretendiente pidiéndole dinero, regalos y fruslerías, tiene gran fortuna en la literatura satírica del momento.

la ausencia por más ligero,
a quien se sigue el olvido.
Otros, los libros, la caza,
el pleito, el entretenido
juego. Y todos dando traza
de divertir el sentido.
Cual con las hechicerías
quiere librarse de amor.
Cual con mayores porfías,
en otro gusto, señor,
pasa sus melancolías.
Plinio dijo que se echase
un amador -¡qué molestia!-
adonde se revolcase
una mula, y que una bestia
así a otra bestia imitase.
Mas esto fue por mostrar
que era una bestia quien ama,
no porque puede quitar
de aquella bestia la cama
esta enfermedad de amar.
Mas yo digo que el pedir
es el remedio de amor.

D. JUAN   ¿Dónde has oído decir
eso de Plinio?

CARRI.   Señor,
hanse dado a traducir
tantos hombres que carecen
de ingenio, que ya sabemos
los tontos lo que encarecen
los sabios, y merecemos
los nombres que ellos merecen.

<table>
<tr><td></td><td>Yo le tengo traducido,
y aun a Horacio y a Lucano.</td></tr>
<tr><td>D. JUAN</td><td>¿Esos hombres has leído?</td></tr>
<tr><td>CARRI.</td><td>Pues si están en castellano,
¿qué dificultad ha sido?
Ya mi alazán latiniza.
Allá están.</td></tr>
<tr><td>D. JUAN</td><td>Huélgome al fin,
que estos que el mundo eterniza,
buscan a Horacio en latín,
y está en la caballeriza.
¡Que un lacayo te ha leído,
divino Horacio!</td></tr>
<tr><td>CARRI.</td><td>Yo he sido,
mas en verdad que me espanto
de que tú te estimes tanto
por el latín aprendido.
Porque de cuantos es vista
con la capa y con la espada
tu persona latinista,
siempre en libros ocupada,
dicen que eres romancista[65].</td></tr>
<tr><td>D. JUAN</td><td>Luego ¿el ingenio y la ciencia
son los bonetes y grados
por Sigüenza y por Valencia?</td></tr>
<tr><td>CARRI.</td><td>En los vulgos engañados
consiste la diferencia.</td></tr>
</table>

---

[65] Se ironiza con el tópico de armas *versus* letras, cruzándolo con el de latinistas *versus* romancistas (que no entienden latín y necesitan acceder a los clásicos en traducción). Don Juan es caballero y estudiante.

              ¿Espada?, luego idiotismo;
              ¿bonete?, luego letrado.
D. JUAN   ¡Qué gracioso silogismo!
CARRI.   Ya está en el vulgo asentado.
D. JUAN   ¡Oh, qué cansado hispanismo!
              Lipso[66] con capa y espada
              fama inmortal tiene y goza.
              Persona fue celebrada
              don Íñigo de Mendoza[67],
              que ha dejado a España honrada.
              Mil ejemplos te trujera
              con que el vulgo me entendiera,
              si aquí con el vulgo hablara.
CARRI.   ¿Haste de lavar la cara?
D. JUAN   Llama a Flora.
CARRI.   Un poco espera.
              Váyase el lacayo
D. JUAN   Ciencia es saber, que con ingenio y arte
              alcanza un hombre, no manteo y bonete;
              que si toda en los hábitos se mete,
              tendrán las mulas en la ciencia parte.
              César siguió con alta espada a Marte;
              sus comentarios no ha cubierto el Lete[68];
              que quien tiene dos veces treinta y siete,
              ¿quién le quita que de uno se descarte?[69]

---

[66] Justo Lipsio (1547-1606), célebre humanista de Flandes.

[67] D. Íñigo López de Mendoza, poeta, primer Marqués de Santillana.

[68] César es puesto como modelo de hombre completo, que junta en él armas y letras. Lete es el río mitológico del olvido.

[69] Probable alusión a un juego de cartas que desconozco.

Yo he visto a Cicerón con un sombrero,
y a Jenofonte armado: ¡letras santas,
bien os puede tener un caballero!
¡Oh tú, que por los ojos te adelantas!
Si Apolo tiene pluma y Marte acero,
junta a los dos en experiencias tantas.

Entre con un jarro y un plato Celia, y Flora
con una toalla

CEL.   Aquí tienes agua y plato.
FLO.   Toalla tienes aquí.
D.JUAN   Flora…
FLO.   ¿De qué es el recato?
D. JUAN   Nunca esta crïada vi.
           ¿Vos servís? ¡Oh, tiempo ingrato!
FLO.   Mejor, señor, lo dirás
           cuando sepas que es esclava.
D. JUAN   ¿Esclava, Flora? ¿Eso más?
FLO.   En casa de Eliso estaba.
           ¿Nunca la viste?
D. JUAN   Jamás.
FLO.   En prendas que le han sacado
           de una deuda la han traído.
D. JUAN   Solo el habernos pagado
           con ella, disculpa ha sido
           del haberle ejecutado.
           ¡Bella esclava!
CEL.   Desdichada
           diréis mejor, hasta agora
           que os sirvo.
D. JUAN   ¡Qué bien pagada
           deuda! Echad agua, señora.
FLO.   ¿Tanto la esclava te agrada?

D. JUAN   ¿Has visto alguna en tu vida
más hermosa? Echad más agua.
Echad más, si sois servida,
por que se temple la fragua
de vuestro fuego encendida.
¿Hay tales ojos?

CEL.   Pudieran
dar agua si aquí faltara.

D. JUAN   ¿Qué manos la merecieran?
Mas si el alma se lavara
más a propósito fueran.
Dame esa toalla, Flora,
aunque no podrá limpiar
lo que deja impreso agora
esclava que puede honrar
la más principal señora.
Id por el cuello.

CEL.   Yo iré.

D. JUAN   Ve, Flora, a dársele.

FLO.   Voy.

D. JUAN   No vuelvas acá.

FLO.   No haré.

           Váyanse las dos

D. JUAN   Con gusto de verla estoy;
algo a solas le diré.
Nunca esta esclava le vi
a Eliso. Sin duda creo
que él la guardaba de mí,
porque el ajeno deseo
debió de juzgar por sí.
¡Oh, cuánto lo habrá sentido,
si acaso la tiene amor!

Desdicha notable ha sido.

Celia con un cuello en un tabaque o salva

CEL.   Aquí está el cuello, señor.

D. JUAN   Y aquí, señora, el rendido.
Ese es cuello que ponello
podéis por argolla en mí,
aunque bastaba un cabello;
y este el cuello que os rendí.

CEL.   ¿Burlaisos? Poneos el cuello.

Póngasele

D. JUAN   No fuera yerro el asiento,
pero ya por vos le siento.
Hierros en las trenzas hay.

CEL.   Yo pensé que era cambray.

D. JUAN   ¡Qué engañado pensamiento!

CEL.   Y si vuestros hierros son
trenzas, con facilidad
podréis romper la prisión.

D. JUAN   Prisión de la voluntad
está en la imaginación.
No acierto a atarme la trenza.
Ponédmela vos, llegad.
Llegad, no tengáis vergüenza;
atadme la libertad,
que a ser tan vuestra comienza.
Llegad, ataréis el cuello.

CEL.   Porque el serviros obliga
lo haré, pues os sirvo en ello.
Pero ¿quién habrá que os diga,
aunque yo acierte a ponello,
si está el cuello bien o mal?
Voy por espejo.

D. JUAN   Eso no,
porque no habrá espejo igual
como ese rostro, en que yo
miro tan limpio cristal.
Retrátenme vuestras bellas
niñas, que bien puedo en ellas
decir que en el sol me vi.
Atad.

CEL.   ¿No está bien ansí?

D. JUAN   A vuestras claras estrellas
se lo quiero preguntar.

           Entre Felisardo

FEL.   ¡Bueno es aquesto, por Dios!
Si aquí pudiera cortar,
tanto montara en los dos
cortar como desatar.

D. JUAN   ¿Quién está ahí?

FEL.   Yo, señor.

D. JUAN   Pues ¿quién eres?

FEL.   Un esclavo
que hoy te sirve por favor
de la Fortuna, que alabo
por conocer tu valor.
Fui de Eliso, y ya soy tuyo…
Mas ni soy tuyo ni suyo,
ni sé a quién he de servir,
tanto que puedo decir:
"Esclavo soy, pero ¿cúyo?"
Por prenda vine a tu hacienda
de una ejecución; mas ya
a tanto pasa otra prenda

que conmigo en prenda está,
que puede ser que te prenda.
Mi amo esta esclava amó;
vi que a tu pecho llegó,
y no es bien que a ti se junte,
pero aunque me lo pregunte
eso no lo diré yo.

D. JUAN Buen talle de esclavo tienes,
y leal me has parecido,
pues que tan celoso vienes.

FEL. Zara, buen principio ha sido.
Bien tu desdicha entretienes.

CEL. ¿Tú me riñes?

FEL.   ¿Por qué no?
Señor me mandó que yo
te riñese, y puedo hacello;
pues hago en reñirte aquello
que cuyo soy me mandó.

D. JUAN No la riñas, por mi vida,
esclavo, que no es culpada.
Y en tanto que aquí resida,
aunque es de Eliso comprada,
haz cuenta que fue vendida.
Yo soy su dueño.

FEL.   Y yo, ¿cúyo?

D. JUAN Mío también.

FEL.   Ya soy tuyo,
mas debo temer, señor,
de mi primer poseedor
que no diga que soy suyo.
Zara estuviera más bien
en la cocina que aquí.

CEL.   Y tú curando también
                tus caballos.

FEL.   Por ti a mí
                en sus pesebres me ven.

CEL.   Y a mí por ti entre los platos,
                sin que me regale Flora.
                ¡Villano, ejemplo de ingratos!

D. JUAN   No haya más, por Dios, agora,
                que los dos sois dos retratos
                de hidalga y noble lealtad.
                Servid alegres, creed
                que os tengo gran voluntad,
                y que os he de hacer merced.

FEL.   Si Zara trata verdad,
                yo la tendré en lo que es justo.

D. JUAN   A misa voy, que es muy tarde.
                  Váyase don Juan

FEL.   Presto mudaste de gusto.

CEL.   ¿Sientes, así Dios te guarde,
                de veras este disgusto?

FEL.   ¿Soy piedra yo? ¿Soy diamante
                o soy amante? ¿Soy fiera
                o soy hombre? ¿Soy hidalgo
                o soy la misma bajeza?
                ¿Tú, dos mil leguas de un hombre,
                cuánto más, ¡quién lo creyera!
                la distancia que se pudo
                dividir con una trenza?
                ¿Tú, dando lazos y nudos
                al cuello de otra cabeza
                que la mía, para hacerlos
                en mi garganta de cuerda?

¡Ay, Celia bella!
Ni fe en la mar, ni en la mujer firmeza.
¡Tú, recién venida aquí
para ser última prueba
de amor en tan gran desdicha
que merece fama eterna,
en los brazos…!

CEL.   ¿En qué brazos?
FEL.   Déjame, no me detengas.
CEL.   Pues ¿es bien tratar en burlas
en tiempo de tantas veras?
Vuelve y mira donde estamos,
pues en nuestra misma tierra
tú eres esclavo y yo esclava;
que si de mi honor recelas,
ofensa tuya es locura,
y para mi honor la ofensa.
Por ti, Felisardo mío,
soy esclava, tus quimeras
me trujeron a servir.
Si sirvo, ¿de qué te quejas?
Salí con otra crïada
a dar agua a quien quisiera
dar veneno. Es hombre y mozo,
díjome palabras tiernas,
que es la ocasión ligera,
pólvora el hombre y la mujer centella.
Mandó que trujese el cuello,
truje el cuello, até las trenzas,
hízome espejo, fui espejo…
FEL.   ¿Y eso no quieres que sienta?

CEL.   No, porque luego que entraste,
         como era vidro y se quiebra,
         cesó el espejo.
FEL.   Mejor
         dieras, Celia, por respuesta
         que la mujer es espejo,
         y que del dueño en ausencia
         hace la misma lisonja
         a cualquier rostro que llega.
CEL.   Deja esos celos injustos,
         deja, por mis ojos, deja
         en tanto mal niñerías.
FEL: Siento, Celia, que lo sean,
         que si tú en las niñas tuyas
         retratas prendas ajenas,
         niñerías son que pueden
         hacer gigantes ofensas.
         Mas, porque en tales desdichas
         no es bien que hablemos en quejas,
         dime, mi bien, ¿qué he de hacer
         en las muchas que nos quedan?
         ¿Quieres, dime, que esta noche
         nos vamos donde no sea
         la Fortuna poderosa
         a hacernos burlas como estas?
         ¿Quieres que de aquí te saque?
CEL.   Sabe Dios si lo quisiera;
         pero ponemos a Eliso
         en notable contingencia.
         Que como estamos en nombre
         de esclavos, que diga es fuerza
         Lisarda que él nos esconde,

      o nos buscarán por ella.
      Mejor es que mientras pasa
      la furia, aquí te entretengas,
      que para estar escondidos
      ninguna casa como esta.
      Fuera desto, de mis padres
      seré buscada, y apenas
      saldré en mi traje a la calle
      cuando conocida sea.
      Y para mí, ¿qué más gloria
      que estar adonde merezca
      el nombre de esclava tuya?

FEL.   Bien, señora, me aconsejas.
      Allí he visto los crïados
      que están poniendo la mesa.
      Vete, Celia, a la cocina,
      que puede ser que nos vean.

CEL.   Yo pondré en una toalla,
      si acaso hurtarle me dejan,
      algún regalo que comas.
      Pero no… que se me acuerda
      que Flora lo hará mejor.

FEL.   Nunca te he visto tan necia.

CEL.   Quien ama, teme…

FEL.   Quien ama
      cree…

CEL.   ¿Qué quieres que crea?

FEL.   Que te adoro, mi Celia,
      que las desdichas crecen las firmezas.

JORNADA SEGUNDA

Salen Belisa y Flora

FLO.   ¿En qué tiene que parar
tanta tristeza y disgusto?
BEL.   Ya, Flora, todo mi gusto
se ha convertido en llorar.
Ya mis melindres cesaron,
ya mi arrogancia paró,
el Cielo me castigó,
y los hombres se vengaron.
Tenme lástima, que estoy
para matarme.
FLO: No diga
tal tu entendimiento.
BEL.   Amiga,
por pasos tan tristes voy
que es imposible vivir,
porque en tanta desventura
es el callar mi locura
determinarme a morir.
¿Qué tardo? ¿En qué me detengo
que no doy fin a mi vida?
FLO.   ¿Tú de ti misma homicida?
BEL.   A darme la muerte vengo,
Flora, con tanta ocasión,
que cuando en lo que la fundo
venga a conocer el mundo,
dirán que tengo razón.
Yo he de matarme. Tú, Flora,
después de muerta, podrás
mirar mi pecho, y verás

la causa que callo agora.
Porque escrita en un papel,
como el que muere por bando[70],
la llevaré al pecho cuando
me mate yerro o cordel.
Pensando estoy, triste vida,
vuestro fin: si con espada,
quedaré muy desangrada,
mal puesta y descolorida.
Si en cordel, quedaré fea,
la lengua gruesa y torcida
la boca, que sin herida
no hay muerte que tierna sea.
Con veneno, me pondré
negra y hinchada. Sangrada
es muerte a Séneca hurtada[71]:
dulcemente moriré,
que será cosa famosa
morir en filosofía,
y de muerte de sangría
quedaré limpia y hermosa.
¡Ea, llámame un barbero!
Diré que quiero sangrarme,
y después podré quitarme
la venda hasta el fin postrero.
Ve, Flora, veme por él.

FLO.   ¿Qué dices? ¿Estás en ti?

---

[70] Por sentencia pública de la Justicia.

[71] Séneca murió en el baño, tras hacerse abrir las venas. Alude a la práctica médica de las sangrías, de lo que se encargaba el cirujano o barbero.

BEL.	Matarme tengo…
FLO.	¡Ay de mí!
BEL.	Si tardas, con un cordel,
	o alguna encendida brasa,
	como Porcia…[72]
FLO.	Si lealtad,
	si amor, si tratar verdad,
	si haber nacido en tu casa
	pueden merecer saber
	la causa de tus enojos,
	ellos y mis tristes ojos
	te obliguen.
BEL.	No puede ser.
FLO.	Pues si no, juntemos vidas
	y acábenos una muerte.
BEL.	Si te obligas que una suerte
	nos iguale en dos heridas,
	aquí te diré mi mal.
FLO.	Yo te lo prometo.
BEL.	Escucha,
	verás que la causa es mucha
	y a mi desventura igual.
	En Madrid nacida,
	Flora, como sabes,
	por regalo y gusto
	de mis ricos padres,
	me crié en sus brazos
	con amores tales

---

[72] Porcia se suicidó tragándose unas brasas tras conocer la muerte de Pompeyo, su marido.

que aún hablaba en niña
pudiendo casarme.
Llovían las Indias
Indias orientales,
adonde tenía
mi padre dos males
en su casa y cofre:
perlas y diamantes,
plata para gastos
y oro para engastes.
Con esto y quererme,
gastaban gran parte
en mis nuevas galas,
en mis ricos trajes.
Que don Juan en fin,
como era estudiante,
no gastaba en libros,
lacayos y pajes
lo que yo en espejos,
pastillas y guantes[73].
Con estas locuras
fui tan arrogante
que nunca pudieron
casarme mis padres.
Treinta mil ducados
que en parte me caben
desta gruesa hacienda,
más que no mis partes[74],

---

[73] Pastillas de olor. Se quemaban y perfumaban el ruedo de los vestidos.

[74] Sus prendas: su belleza y sus virtudes.

obligan los hombres
que por muchas nacen,
a venir a verme,
verme y conquistarme.
Yo con locura
de hacienda tan grande,
y quizá engañada
de mi ingenio y talle,
he dado en melindres,
en melindres tales
que fui de la Corte
fábula notable.
Di en decir un tiempo
que tenía de carne
las manos y el rostro,
lo demás de imagen,
que, cual ves, las visten,
sólo por el talle,
sin piernas y cuerpo,
con bultos iguales.
Di en no ir a misa
donde hubiese el Ángel
que venciendo pintan
sierpes infernales.
Viendo a San Cristóbal
forma de gigante,
me dieron mil veces
desmayos mortales.
Jamás en la pila,
aunque con los guantes,
tomé agua bendita,
temiendo anegarme.

Nunca salí fuera
que el aire sonase,
y si me cogía
el aire en la calle,
daba dos mil gritos:
"¡que me lleva el aire!"
Nunca he visto toros,
de miedo que salten,
aunque yo tuviese
mil rejas delante.
La puente de piedra,
con ser Manzanares
río tan pequeño,
no hay orden que pase.
Para entrar en coche
mil reliquias hacen
escolta a mi cuerpo,
cruces y señales.
No comí en mi vida
ciruelas de fraile,
porque dicen muchos
que en el cuerpo nacen.
Caracoles, menos,
porque nunca barren
en su aposentico
sus necesidades.
Jamás consentí
que me tome el sastre
medida a vestido,
por que no me abrace.
Nunca el zapatero
lo que calzo sabe;

zapatos de un punto
y de dos me hace,
y hasta dieciséis,
por que no se alaben
que saben mis puntos
curiosos galanes[75].
No quise en mi vida
jugar a los naipes,
porque la espadilla[76]
me hiela la sangre.
Mas, ¿por qué te digo
las cosas que sabes
y que no es posible
que mi lengua baste?
Yo, en efeto, Flora,
con melindres tales
desechando a tantos
caballeros graves,
ricos, gentilhombres,
nobles, principales,
con hábitos muchos[77],
muchos con bastantes
cargos en la guerra
y oficios reales,
poniendo mil faltas
a cuantos me salen,

---

[75] Dentro del canon de belleza femenino se cuenta el pie pequeño, de pocos "puntos" o talla.

[76] Uno de los cuatro palos de la baraja española.

[77] Hábitos de órdenes militares; muy especialmente, de la de Santiago.

no sé si lo diga
antes que me mate,
por que no me afrenten
desatinos tales…
pero ya que es fuerza,
¿de qué estoy cobarde?
¡Un esclavo adoro!,
prenda que a mi madre
trujo un alguacil;
¡Dios se lo demande!
No es de burlas, Flora.
Yo quise guardarme,
diligencias hice,
pero poco valen
en estas prisiones.
El amor, alcalde[78],
castiga con muerte
resistencias tales.
Ni duermo, ni como,
ni sé qué se traen
estos pensamientos
y dificultades.
Yo, que burla hice,
de hombres semejantes,
quiero un esclavillo.
Mas no diga nadie:
"desta agua no bebo",

---

[78] Alcalde: alcaide; metáfora manidísima, la del amor carcelero, que da título a la novela de Diego de San Pedro, muy leída en el siglo XVI.

que los tiempos hacen
humillar soberbias,
subir humildades;
truecan los melindres
en sucesos graves,
enriquecen chicos,
empobrecen grandes.
¡Mal haya quien hizo
leyes desiguales!
Que lo peque el gusto
y el honor lo pague.

FLO.   ¿Qué podré yo responderte?
Corrido mi gusto vi
de lo que pasa por ti;
que callo por no ofenderte[79].
Pero no puedo negarte
que ha sido extraña locura.

BEL.   ¿Deja de ser la hermosura
hermosura en cualquier parte?
¿Dejará de ser diamante
el que lo nació en la mina,
porque esté en la mano indina
o porque le cubra el guante?
Mas a la cuenta, si a ti
lo que a mí te sucedió,
no quiero culparte yo
para desculparme a mí.
Lo que haré será matarme.

---

[79] Flora da a entender que también está prendada de Pedro-Felisardo.

FLO   Mejor es buscar remedio.
BEL.   Pues ¿hay sin la muerte medio
          con que poder remediarme?
FLO.   Echarle de casa luego.
BEL.   Hale cobrado afición
          mi madre, y la privación
          podrá acrecentar mi fuego.
FLO.   Pues hazle herrar o azotar,
          aféale de manera
          que le aborrezcas.
BEL.   ¿Qué fiera
          puede aborrecer y amar?
FLO.   Piensa que a esa esclava adora,
          si desamartelan[80] celos.
BEL.   No han hecho salsa los Cielos
          de amor como celos, Flora.
FLO.   Pues algo has de hacer.
BEL.   Morir.
FLO.   Mira el alma.
BEL.   Esa razón
          sola vence la pasión
          con que desprecio el vivir.
          Quiero tomar tu consejo
          y hacer a este esclavo herrar,
          como quien quiere quebrar,
          por no mirarse, el espejo.
FLO.   Tu madre.
BEL.   Apártate allí.
          Salen Eliso y Lisarda

---

[80] Amartelar: enamorar, conquistar, seducir.

LIS.   No tienes qué replicarme;
         los esclavos has de darme,
         aunque vienes contra mí.
ELI.   Tras haberme ejecutado,
         ¿me quitas con tal disgusto
         en lo que tengo mi gusto?
LIS.   Eres caballero honrado
         y te obliga el ser mujer.
ELI.   Yo tengo que te pedir,
         y así te quiero servir
         con hacerte este placer.
         Pero advierte que son tres
         los esclavos que te doy.
LIS.   ¿Cómo?
ELI.   Porque yo lo soy,
         y el cómo sabrás después.
LIS.   Si es acaso pensamiento
         de casarte con Belisa,
         ya su condición te avisa.
ELI.   Sé que un imposible intento;
         pero tú lo tratarás
         con ella a solas.
LIS.   Sí haré.
         Por allí estaba y se fue.
ELI.   Háblala en esto, no más,
         pues sabes mi nacimiento,
         porque en aquesta ocasión
         saques en la ejecución
         las prendas del casamiento.
LIS.   Ya Pedro y Zara son míos.
         A hablar a Belisa voy.
             Vase Lisarda

ELI. Dispuesto a sufrir estoy
 sus notables desvaríos.
  Sale Felisardo de esclavo
FEL. Eliso del alma mía.
ELI. Mi querido Felisardo,
 ¿cómo va?
FEL.   Tu vista aguardo
 como las aves al día,
 en esta oscura prisión.
ELI. ¿Prisión con Celia?
FEL.   Es verdad,
 mas no tengo libertad
 de decille una razón.
 ¿Qué hay por allá de la herida?
 ¿No podré salir de aquí?
 ¿Murmúrase que yo fui?
ELI. Aún tiene el hidalgo vida,
 pero está muy peligroso.
 No salgas de donde estás,
 porque a peligro pondrás
 la tuya.
FEL.   ¡Caso espantoso!
ELI. Este es el mejor sagrado.
FEL. ¿Buscan a Celia?
ELI.   También.
 ¿Cómo le va a Celia?
FEL.   Bien,
 aunque con algún cuidado
 de una crïada que aquí
 se pierde por regalarme.
ELI. ¿Celos?
FEL. Hoy quiso matarme.

Si me ven contigo ansí
daremos que sospechar.
ELI.   ¿Sales de casa?
FEL.   Muy poco.
ELI.   Adiós.

Vase Eliso y sale Lisarda

LIS.   Si yo te provoco,
Belisa, a tanto pesar
no hayas miedo que en mi vida
te trate de casamiento.
¡Pedro!
FEL.   Señora…
LIS.   Mi intento,
que voluntad conocida
no te parezca deseo,
de esclavo haberte comprado…
FEL.   ¿Comprado me has?
LIS.   Hoy te ha dado
Eliso y hoy te poseo.
¿No te lo dijo?
FEL.   Temió
mi sentimiento, que es justo.
LIS.   ¿No estás conmigo con gusto?
FEL.   Muy grande le tengo yo
de servirte, mas Eliso
es, en fin, dueño primero.
LIS.   Mal pagas lo que te quiero.
FEL.   De que agradezco te aviso
la merced y el gran favor
que me has hecho.
LIS.   Más me debes
que piensas.

FEL.	Palabras breves
	son las señales de amor.
LIS.	Yo te quiero como a mí.
FEL.	Mil veces beso tus pies.
	Sale Celia
LIS.	¿Es esta Zara?
FEL.	Ella es.
LIS.	Zara, ¿qué quieres aquí?
CEL.	A Pedro vengo a llamar;
	don Juan, mi señor, le llama.
LIS.	Id presto.
CEL.	¿También mi ama
	te comienza a regalar?
FEL.	¿Otros celos?
CEL.	Pues, ¿qué quieres,
	si tú me das la ocasión?
LIS.	Bueno, ¿aquí conversación?
FEL.	¡Oh, Celia!, qué extraña eres.
CEL.	A Pedro le pregunté
	si hoy enseñarme quería
	la oración del otro día.
LIS.	¿No la sabes?
CEL.	No la sé.
LIS.	Flora te puede enseñar.
	Vete, perra, a la cocina.
CEL.	Esta también se le inclina,
	mas yo me sabré pagar.
	Vase Celia
LIS.	¿Qué pensamientos son éstos
	que de un esclavo me han dado?
	Ni es decente mi cuidado,
	ni ellos parecen honestos.

Agrádame con extremo
su talle, su lengua y cara.
¡Qué liviandad! ¡Amor, para,
tente!, que perderme temo.
        Sale Belisa
BEL.   Sabiendo que Pedro es tuyo
        y que le compraste a Eliso,
        vengo a darte cierto aviso.
LIS.   Será algún melindre tuyo…
BEL.   Dícenme que es fugitivo.
        Hoy has de mandar herralle.
LIS: ¿Herrar, Belisa, aquel talle?
BEL.   ¿Qué importa? ¿No es de un cautivo?
LIS.   Tengo lástima a la cara;
        no merece hierro en ella.
BEL.   ¿Parécete a ti muy bella?
LIS.   —Mucho el alma se declara—
        ¿Qué me puede parecer
        de un esclavo?
BEL.   Pues consiente
        herrarle.
LIS.   Es inconveniente
        para volverle a vender,
        como quien hace tapices
        con sus armas.
BEL.   Perderás
        el esclavo.
LIS.   ¿Importa más
        que herrarle, como tú dices?
        Haz melindre, por tu vida,
        de herrar una buena cara.
BEL: Si en no darme gusto para

en cosa que yo te pida,
el aborrecerme a mí
por querer a tu don Juan,
presto tus ojos dirán
si como don Juan nací.
Ábreme, Flora, esa cama.
Ve presto, llama el barbero,
sángreme luego, hoy me muero.
¡Hola! Al físico me llama.
Presto verás si hoy acabo
vida que tengo por ti,
si es mejor perderme a mí
que herrar la cara a un esclavo.
            Vase Belisa
LIS.   ¿Hay tan extraña mudanza?
            Quien de ver dar una voz
            llamaba delito atroz,
            ¿tanto atrevimiento alcanza,
            que quiere herrar el más bello
            esclavo que el mundo vio?
            O la condición trocó
            o es interesada en ello.
            ¿Hay tal locura y crueldad?
                    Sale Tiberio
TIB.   Aunque el ver desmayos tales
            no son indicios mortales,
            mueven, Lisarda, a piedad.
            No he visto jamás tan muerta
            a Belisa. ¿Qué ha tenido?
LIS.   Una necedad ha sido,
            que de su humor desconcierta.

	Ha dado en que se ha de herrar
	Pedro.
TIB.	Pues ¿es vuestro esclavo?
LIS.	Aún de comprarle no acabo,
	y ¿ya tengo de mostrar
	tan gran crueldad con él?
TIB.	Ya sabéis su condición;
	pero porque no es razón
	hacer acto tan crüel,
	fingir podéis que le herráis;
	que con un clavo fingido
	habréis con los dos cumplido,
	pues a ninguno agraviáis.
	Que también es cosa fuerte
	darla tanta pesadumbre,
	si es de vuestros ojos lumbre.
LIS.	Pues ¿puédense hacer de suerte
	que parezcan verdaderos?
TIB.	Con mucha facilidad.
LIS.	¡Que a cualquiera liviandad
	me ha de hacer Belisa fieros[81]!
	Ahora bien, quede a tu cuenta
	fingir los hierros.
TIB.	Sí haré,
	por que esta loca no dé
	en hacernos una afrenta.
	Él viene. ¡Oh, Pedro!
	Sale Felisardo
FEL.	¡Oh, señor!

---

[81] Fieros: berrinches.

TIB.	¿Cómo va en la nueva casa?
FEL.	Bien, gracias a Dios, se pasa.
	Todos me tienen amor.
TIB.	De Lisarda yo lo juro,
	pero de Belisa no,
	pues te manda herrar, y yo
	por su gusto lo procuro,
	aunque me pesa en estremo.
FEL.	¡Cómo!, ¿herrarme? ¡Vive Dios
	que si lo intentáis los dos,
	siendo yo leal, que temo
	que os quite a entrambos la vida!
TIB.	Lo mismo manda a la esclava.
FEL.	Aquí la invención se acaba.
	Yo soy, yo soy homicida
	del navarro caballero.
	Venid, que escondido estoy.
TIB.	¿Qué dices?
FEL.	Que el hombre soy
	que con el desnudo acero
	di la muerte a aquel hidalgo.
TIB.	Loco le vuelve el pesar
	de herrarle. No te han de errar…
FEL.	Esperad, que luego salgo
	donde aventure la vida.
TIB.	Mira que por darla gusto,
	e impedir tanto disgusto,
	será la letra fingida.
	Que a los dos quiero pintar
	los clavos con una tinta
	que luego se quite.

FEL.   Pinta
lo que se pueda borrar,
y llámame esclavo tuyo.
TIB.   Aguárdame, Pedro, aquí.
         Váyase Tiberio y sale Celia
CEL.   ¿Fuese ya Tiberio?
FEL.   Sí.
CEL.   ¿Qué hay de Lisarda?
FEL.   Que huyo,
por tu gusto de Lisarda.
CEL.   ¿Y de Belisa?
FEL.   Una cosa
bien nueva y dificultosa.
CEL.   Dímela de presto.
FEL.   Aguarda.
La desdicha que nos sigue
nos confirma por esclavos.
CEL.   ¿Cómo?
FEL.   Que hoy nos ponen clavos.
CEL.   Pues ¿qué puede haber que obligue
a tal desatino?
FEL.   Haber
dado en aquesto Belisa.
CEL.   De quien eres los avisa.
FEL.   Ya no será menester,
porque con clavos fingidos
nos han de herrar a los dos,
y viénenos bien, por Dios,
para no ser conocidos;
que Eliso me dijo aquí
que nos andan a buscar.

CEL.   Si acertamos en errar,
              de veras me hierre a mí
              quien por ti pusiere clavos
              a un rostro que ya los tiene
              en el alma de quien viene
              la estampa.
                        Salen don Juan y Carrillo
D. JUAN   ¡Que estos esclavos
              no se han de apartar jamás!
CARR.   Son letra y tilde, son nombre
              y firma.
D. JUAN   Él es gentilhombre.
CARR.   Y aun es discreto.
D. JUAN   ¿Eso más?
CARR.   Holgaríaste de hablalle.
D. JUAN   Sí, mas no me puedo holgar
              de verle con Zara hablar,
              si es discreto y de buen talle.
FEL.   Pues aquí nadie nos ve,
              bien me puedes abrazar.
                        Abrázanse
CEL.   Siempre te has de anticipar
              a mis deseos.
D. JUAN   ¿Qué fue?
CARR.   Que se abrazaron los dos,
              me parece, en castellano.
D. JUAN   ¿Por qué la abrazas, villano?
CEL.   ¿Vionos don Juan?
FEL.   Sí, por Dios.
D. JUAN   Tú, en casa tan principal,
              perro, ¿haces esto?
FEL.   Señor,

si piensas que esto es amor,
el tuyo lo piensa mal.
Que porque me dijo aquí
que bautizarse quería,
lo que a cristiano debía
hice en abrazarla ansí.
Si bajar pudiera el Cielo
sospecho que la abrazara;
pues lo que el Cielo intentara
disculpa tiene en el suelo.

D. JUAN Vete a la caballeriza,
 perro…

FEL.   Perdona, señor,
 ser yo cristiano, ¿es error?

CARR. La palabra atemoriza.
 Hola, Pedro.

FEL.   ¿Qué me quieres?

CARR. Ser cristiano es gran bondad;
 pero es mucha cristiandad
 abrazar a las mujeres.
 Vete, y advierte que aquí
 las esclavas no se abrazan.

FEL. Y si amo y lacayo trazan
 gozarlas, ¿úsase?

CARR.   Sí.

FEL. ¿Sí?, pues espérate un poco.

CARR. Algo ha de hacer este perro.
   Vase Felisardo

D. JUAN Advierte, Zara, que es yerro
 volverme a desprecios loco.

CEL. ¿Puedo, si no soy cristiana,
 quererte?

D. JUAN   Dame tu fe
en teniéndola[82].

CEL.   Sí haré,
pero no he de ser liviana.

D. JUAN   Pues ¿qué es lo que harás por mí?

CEL.   Ser tu mujer.

D. JUAN   Es deshonra
de un caballero.

CEL.   Y ¿es honra
mía que me rinda a ti?

D. JUAN   Eres esclava.

CEL.   Tú fueras
lo mismo a estar en Argel.

D. JUAN   En el tuyo estoy.

CEL.   Si en él,
como dices, estuvieras,
no tuvieras libertad
para quitarme el honor.

D. JUAN   A mí oblígame el amor.

CEL   Y a mí, sangre y lealtad;
que soy allá más honrada
que tú aquí.

D. JUAN   Detente, espera.

CEL.   Es el vencerme quimera,
menos que estando casada.
        Váyase Celia

CARR.   Cerrose.

D. JUAN   Pensando estoy
que si esta es noble en su tierra,

---

[82] Conviértete a la verdadera Fe y dame la tuya (tu confian-
za, tu entrega).

en lo que dice no yerra.
Allá fue lo que aquí soy.
    Sale Lisarda

CARR. Tu madre.

LIS.   Aun de burlas es
cosa que me da pesar
hacer a los dos errar.
¿Es don Juan?

D. JUAN   Dame esos pies.

LIS. Hoy, ¿qué has hecho?

D. JUAN   Salí un poco
al Prado.

LIS.   ¿Tú estás aquí?

CARR. Mucho te espantas de mí.

LIS. ¿No quieres que espante un loco?

D. JUAN Deja a Carrillo, Señora,
que tengo que hablarte.

LIS.   Di.

CARR. Nunca tan Carrillo fui
en tus manos como agora.

D. JUAN Este esclavo que tienes en tu casa,
es más galán que esclavo; falta es esta
más que el vino, que amor su furia vence;
y más que el ser ladrón, que el amor roba
las almas, que es robar su hacienda al Cielo;
más es que huir, porque este huir pudiera,
y perderse el valor; y amor espera,
espera hasta que pierda honor y vida,
después de estar la libertad perdida.
Y así, juzgo que es justo que le vendas,
que para esclavo, en fin, le sobran prendas.

LIS. ¿Qué le venda, don Juan?

D. JUAN   Que luego al punto
          le vendas. Y pues yo te lo aconsejo,
          no me preguntes más. Vuélvele a Eliso,
          y di que solo quieres esta esclava,
          si no quieres venderle en otra parte.
LIS.   Ahora bien, si conviene que le venda,
          o que le vuelva a Eliso, vayan juntos
          el esclavo y la esclava; que no quiero
          tener esclava tan hermosa y bella.
          Que amor es más que el vino, pues le vence;
          y más que el hurto, pues las almas roba;
          y más que huir, pues el amor espera
          a que se pierda vida, hacienda y honra.
D. JUAN   La esclava no te enoja ni deshonra.
LIS.   Pues ¿en qué me deshonra a mí un esclavo?
D. JUAN   En abrazar la esclava, por lo menos.
LIS.   ¿Vístelo tú?
D. JUAN   Yo vi que se abrazaban,
          y Carrillo lo vio.
LIS.   ¡Qué buen testigo!
CARR.   Yo vi cruzar los brazos y tocarse
          paloteado en las espaldas tanto,
          que solo les faltó, como flamencos,
          el decirse al tocar *fróleque, fróleque*[83].
          Lo que es la paz de Francia fue notable[84]
          como suelen tal vez mansas palomas
          envainarse sus picos uno en otro
          y decirse requiebros en el cuello...

---

[83] *Vrolyk, vrolyk*, fórmula de saludo.

[84] Dar la paz de Francia: besarse. En la época, los usos de cortesía eran distintos en las distintas partes de Europa. Se significaba con esa expresión una excesiva familiaridad en los saludos.

LIS.   Celos deben de ser, don Juan. ¿No tienes
        mujeres por allá bellas y libres?
        Deja esta mora, que en efecto es mora.
        No trates de vencerla, que es delito
        que nos puede costar hacienda y honra.
        Que el enojo de Pedro, con reñille,
        con no dejar que suba, ni que pase
        de aquestos corredores, se castiga.
                        Vase

D. JUAN ¿Fuese?

CARR.   Con los dos pies y los chapines[85].

D. JUAN ¿Este gusto me da mi madre?

CARR.   Calla,
        que también eres tú terrible en esto.
        ¿Por qué quieres que venda a Pedro, un hombre
        tan cuerdo, tan discreto y gentil hombre?
                Salga herrada en el rostro Celia

CEL.   Apelo desta crueldad
        al supremo Autor del Cielo,
        pues no ha de haber en el suelo
        ni remedio ni piedad.

D. JUAN ¿Qué es esto? ¿Hay mayor maldad?
        ¡Vive Dios que sospechaba
        mi madre que a Zara amaba,
        y que en el rostro la herró
        por que aborreciese yo
        lo que della me agradaba!
        ¿Es esto verdad?

CEL.   Sí es.

---

[85] Chapín: calzado femenino.

D. JUAN	Míralo bien.
CARR.	¿Que lo dudas?

D. JUAN   Míralo bien.

CARR.   ¿Que lo dudas?
                          ¿Que te turbas y demudas?
Suyo es el daño que ves.
Que tú, por que más estés
sosegado de tu amor,
antes recibes favor
en afearle la cara;
que por ventura llegara
a más peligro tu honor.

D. JUAN   Déjame mirar, Carrillo,
aquellos dos, cuyas rosas
mancharon las rigurosas
manos (bien puedo decillo),
que corte un fiero cuchillo
o que en Argel ate un moro.
Cielo rosado que adoro,
¿qué cometas negras son
las que con tal sinrazón
eclipsan tus rayos de oro?
Esas rosas encarnadas
han dado tan negro fruto,
que es mirar el sol con luto
verlas de negro eclipsadas.
Pero pues están bañadas
de tinieblas, cese el día
que de su oriente salía.
Venga la noche y la muerte
y acábense de una suerte
su luz y la vida mía.
Quien en tan blanco papel
tales letras escribió,

      no imaginaba que yo

      tengo de poner en él

      el alma, para que dél

      salga aquel hierro estampado.

      Llega, no te dé cuidado,

      estampa ese hierro en mí.
CEL.   ¿Cómo te llegas así?
D. JUAN   Amor licencia me ha dado.
CEL.   Pues a mí no la crueldad

      de tu madre.
D. JUAN   ¡Es gran razón!

      Puesto me has en condición

      de hacer una liviandad.

      Rosas puras, esperad,

      que voy a hacer que esta afrenta

      de vuestra hermosura sienta

      quien os deslustra y marchita.

      Y será sentencia escrita

      de quien vuestra muerte intenta.

      Ven, Carrillo.
CARR.   ¿Dónde vas?
D. JUAN   Casarme tengo con ella;

      que si antes era tan bella,

      ahora herrada lo es más.
CARR.   No es cristiana, no podrás.
D. JUAN   Podré dar pena a Lisarda.
CARR.   La afrenta, ¿no te acobarda?
D. JUAN   No hay cobarde en siendo loco.
CARR.   Oye, advierte, aguarda un poco.
D. JUAN   ¡Amor con ira no aguarda!

      Celia sola
CEL.   Creído lleva don Juan

que estos hierros son de veras,
y son fingidas quimeras
de celos que en ellas dan.
Felisardo es tan galán,
que en cualquier traje enamora;
Belisa, Lisarda y Flora
le quieren de una manera.
¿Quién de un melindre creyera
tan grande mudanza agora?
Sale Felisardo herrado en el rostro

FEL.   ¿Estás aquí?
CEL.   ¿No me ves?
¿Cómo te subiste acá?
FEL.   Amor licencia me da,
sus alas puso a mis pies.
¡Qué bien los hierros te están!
CEL.   Son en tu nombre, bien mío,
aunque ha hecho un desvarío,
por verme herrada don Juan.
FEL.   ¿Cómo?
CEL.   Pienso que es de suerte
su sentimiento, que ya
a sí mismo se dará,
si no a su madre, la muerte.
FEL.   ¡En buen enredo, ay de mí
nos ha puesto amor crüel!
Pero ya saldremos dél;
que no haber peligro aquí
me obliga a sufrir que sea
tu bello rostro afrentado.
CEL.   ¿Por qué, mi bien, si hoy me ha dado
Amor su firma y librea?

Hoy soy tuya, que lo ven
todos mis cinco sentidos;
alégranse los oídos,
la boca y manos también.
Porque olvidos ni destierros
pueden negar tus despojos,
desde su alcázar los ojos
están mirando los hierros.
¿Qué sientes tú de los tuyos?

FEL.   Que me corro que no sean
como los tuyos desean,
siendo estampa de los suyos.
También mis ojos los ven,
y mi boca los alaba,
y aun una pendencia brava
hay entre los dos también.
Que de los clavos, por ser
tuyos, están tan preciados
los ojos, que ya de honrados,
suyos los quieren hacer.
La boca dice que están
más cerca, y que suyos son;
pero en tan dulce cuestión
los mismos hierros podrán
poner paz, si los juntamos.
Dame los brazos, e ireme.

CEL.   Amor llega, el alma teme.

Sale Belisa y Flora

BEL.   ¡A muy buen tiempo llegamos!
¿No te han dicho, perro, a ti
que no subas solo un paso
de la escalera?

FEL.   No paso
          sin causa: a pedir subí
          cosas que son menester,
          que aquí me las han de dar.
BEL.   ¿Y es menester abrazar?
FEL.   Somos marido y mujer.
BEL.   ¿Desde cuándo?
FEL.   Desde el punto
          que a los dos nos han herrado,
          hierros habemos juntado
          por que se ande todo junto.
BEL.   Pues ¿puede un hombre cristiano
          casarse con una mora?
FEL.   Ya es cristiana, pues agora
          está el serlo en vuestra mano.
          Su bautismo y casamiento
          podéis hacer en un día.
BEL.   ¿Quieres tú?
CEL.   Yo bien querría;
          que mi noble nacimiento
          se emplea en Pedro muy bien,
          que es por parte de su padre
          caballero, y por su madre,
          aunque mora, lo es también.
BEL.   Éntrate, infame, allá dentro.
          Tú, perro, bájate allá.
CEL.   Pues ¿esto enojo te da?
BEL.   Entra, bárbara.
CEL.   Ya entro.
               Vase Celia
BEL.   Y tú, ¿qué aguardas aquí?
FEL.   Ver si templas el rigor.

BEL.   Templarse pudiera amor,
       si caber pudiera en ti.
       Ven acá, Pedro.
FEL.   Señora…
BEL.   ¿Sentiste mucho el herrarte?
FEL: Por ser el rostro la parte
       que más el respeto honora,
       que más la vista venera,
       Dios sabe si lo he sentido,
       y más sabiendo que ha sido
       por quien honrarme pudiera.
BEL.   ¿Piensas que soy yo?
FEL.   Pues ¿quién?
BEL.   Don Juan.
FEL.   De celos será.
BEL.   El dolor ¿pasose ya?
FEL.   ¡Pluguiera a Dios que también
       el de la afrenta pasara!
FLO.   Tente, que te vas perdiendo.
BEL.   Vame, Flora, suspendiendo
       el alma su hermosa cara.
FLO.   ¿Agora hermosa?
BEL.   Los clavos
       son lunares que hermosean
       lo que otros rostros afean
       de menos bellos esclavos.
       ¡Que castigasen los cielos
       mis melindres desta suerte!
       ¡Que un esclavo me dé muerte
       y una esclava me dé celos!
       ¡Ay, Flora, qué mal consejo
       me diste! Que estando herrado
       al bien la puerta he cerrado.

FLO. Por eso te lo aconsejo;
 que pudiera ser que hicieras
 alguna afrenta a tu honor.
BEL. Pues algo intenta mi amor
 que temple estas ansias fieras.
 ¿Cómo tocaré una mano
 deste esclavo?
FLO.   ¡Linda cosa!
 ¿Eras tú la melindrosa?
BEL. Es todo melindre en vano
 cuando llega amor por fuerza.
 Haz, Flora, alguna invención;
 no se pierda la ocasión.
FLO. ¡Brava locura te esfuerza!
 Finge un desmayo y haré
 que en brazos te lleve allá.
BEL. Notable invención será.
 ¡Jesús! ¡Ay, Jesús!
FLO.   ¿Qué fue?
BEL. Picome un mosquito un dedo.
 Y como si fuera un rayo,
 toda me muero y desmayo.
FEL. ¿De un mosquito?
FLO.   ¡Lindo enredo!
 ¿Qué quieres? ¿Ya no sabías
 sus melindres? Ya está muerta.
FEL. ¿Muerta?
FLO.   Ten por cosa cierta
 que no vuelva en cuatro días.
 Tómala en brazos, que yo
 no la podré levantar.
FEL. ¿Yo la tengo de llevar
 en brazos?

FLO.	Pues ¿por qué no?
FEL.	Alto, yo haré lo que mandas.
FLO.	Yo iré a ver si alguien viene.

Vase Flora

FEL.	Notable desmayo tiene.
	Ahora bien, quiero ser andas
	y llevar aquesta muerta.

En teniéndola en los brazos sale Celia

CEL.	¿A dónde vas desta suerte?
FEL.	Esta imagen de la muerte,
	de aliento y vida desierta,
	llevo a echar sobre su cama.
	Que Flora me lo mandó,
	porque aquí se desmayó,
	y es en efecto mi ama.
CEL.	A lo menos porque ya
	debes de quererla bien.
FEL.	Mejor los cielos me den
	vida. ¿No ves cómo está?
CEL.	¡Ah Felisardo crüel!
	Tú muy celoso de mí,
	y yo, ingratísimo, a ti
	por todo extremo fiel.
	Mas yo sí los he tenido
	justamente, porque soy
	tan ofendida.
FEL.	Yo voy,
	Celia, en el traje fingido
	cumpliendo mi obligación.
	No te ofendo en otra cosa.
	Esta necia melindrosa
	dijo en aquesta ocasión

que de picarla un mosquito
estaba para expirar;
mandáronmela llevar…

CEL. Ni aun tocarla te permito.

FEL. Pues si está como la ves,
¿tengo de dejarla aquí?

CEL. Para darme gusto, sí;
pero no si el tuyo es.
¿Yo había de verte en los brazos
otra mujer?

FEL. Está muerta.

CEL. ¿Muerta?

FEL. Pues ¿no es cosa cierta?

CEL. Llévala, y hazla pedazos
dese corredor.

FEL. Bien fuera;
porque tanto me aborrece,
cuanto adora y encarece
su madre; que si hoy quisiera,
pienso de su hacienda toda
pudiera ser tesorero,
y hacerle un engaño espero.

CEL. Mal nuestro bien se acomoda.
¡Ay, Felisardo! Ya herrados,
¿qué podemos acertar?
¿Qué fin el tiempo ha de dar
a casos tan desdichados?

FEL. ¿Ahora contemplas eso?
¿No ves que me estoy cansando?

CEL. Suéltala, y vente callando
a tratar nuestro suceso
a mi aposento; que ya
no preguntarán por ti.

FEL.	Alto, yo la dejo aquí.
CEL.	Vamos.
FEL.	Sin sentido está.
FLO.	Aunque con pena y con celos,

Aunque con pena y con celos,
al fin he dado lugar
a que puedan acabar
tantos melindres los cielos.
Quien cuantos hombres miraba
melindrosa despreció,
¡con un esclavo vengó
a quien ofendido estaba
y sin mirar su bajeza
le quiere tomar la mano!

Levántase Belisa

BEL ¿Qué estás murmurando en vano,
si sabes la fortaleza
de aquel poderoso amor?

FLO. ¡Jesús, Señora! ¿Aquí estás?

BEL. Dame la mano y sabrás
la causa.

FLO. ¡Extraño rigor!
¿Que aún no te llevó de aquí,
dejándote yo en sus brazos?

BEL. ¡Ay, Flora, que aquellos lazos
no se hicieron para mí!
Luego que adentro te fuiste,
y yo llegada a su pecho
iba como quien le adora,
dando rienda al pensamiento,
ya tocándole la mano,
ya llegando el rostro al cuello,
como que el mismo desmayo

era destas cosas dueño,
entró Zara, y de miralle
celosa rémora siendo,
detuvo la nave mía,
que llevaba en popa el viento.
Yo tenía entre sus brazos
el cuerpo, pero en el suelo
los pies; y aunque me pesaba
de ver de los dos los celos,
agradecía mi agravio.
Y por estar en su pecho,
rogaba a Dios que durasen
los enojos que me dieron.
¿Quién vio de amor, quién oyó
tal laberinto y enredo,
como que yo con fingido
desmayo estuviese oyendo
los mismos celos que daba
a quien le tuvo por cierto,
y descubrió a voces claras
los más estraños secretos
que hay en fábula ni historia?

FLO. ¡Ay, Señora!, ¿qué dijeron?
BEL. Ella le llamaba a él
  Felisardo, que no Pedro.
  Y él a ella Celia.
FLO.   ¿Cómo?
BEL. Celia, que no Zara.
FLO.   ¡Ay, cielos!
BEL. En fin, en sus relaciones,
  en sus quejas, en sus miedos,
  yo entendí, si no me engaño,
  que no son esclavos estos.

FLO.   Ese es engaño notorio.
BEL.   ¿Engaño, Flora?
FLO.   A no serlo,
¿cómo dejaran herrarse?
¿Cómo sufrieran los hierros?
Aunque el otro día vi,
al entrar en su aposento
de Pedro, un jubón de tela;
pero engañome, diciendo
que un esclavo que le hurtó,
allí le trajo a esconderlo.
BEL.   ¿Jubón de tela?
FLO.   Y muy fina.
BEL.   ¿Si es aqueste caballero,
y por alguna desdicha
vino a tan triste suceso?
FLO.   Si por los hierros no fuera,
no lo dudara.
BEL.   ¿Qué haremos?
FLO.   Disimular.
BEL.   Sí, mas mira
que se han de huir, y que quedo
perdida, y más desde agora,
que es Felisardo y no Pedro.
FLO.   Para estorbar que se vaya
mal puedo darte consejo.
BEL.   Ya yo le sé.
FLO.   ¿Cuál?
BEL.   Escucha.
Llámame a Carrillo presto.
      Sale Carrillo
FLO.   Él llega por excusarme.

BEL.   Amor le trujo a mi ruego.
CARR.   ¿A qué ha de llegar la furia
              de amor? ¡Qué buenos están
              de su obediencia don Juan,
              y Lisarda de la injuria!
              La madre llora y promete
              casarse por castigalle,
              y él con la esclava, por dalle
              más pena.
FLO.   ¿Qué hay, alcahuete?
CARR.   ¡Oh, secretaria crüel
              de la ninfa melindrosa,
              la que se alcorza[86] y endiosa,
              la que viendo en un papel
              un San Jorge dibujado
              de la sierpe se espantó!
FLO.   Mira que está aquí.
BEL.   Si yo,
              Carrillo, hubiera mostrado
              melindre viéndote a ti,
              ¿qué sierpe más espantosa?
CARR.   Perdona, que esto no es cosa
              que arguye malicia en mí,
              y pruébame en tu servicio
              si quieres ver lo que soy.
BEL.   Hazme un placer.
CARR.   Aquí estoy.

---

[86] Alcorzar: adornar, embellecer. Alcorza es la pasta blanca de azúcar que se utiliza para recubrir determinados dulces. Aquí puede referirse a los afeites o maquillaje de Belisa.

BEL.	Yo he visto, Carrillo, indicio
	de que Pedro quiere huirse;
	sin esto, su atrevimiento
	llega a entrar al aposento
	de Zara, y no es de sufrirse.
	Parte a un herrero y harás
	una argolla y un virote[87].
CARR.	Pues eso no te alborote,
	señora; que ayer no más
	este regidor vecino
	a un esclavo le quitó.
	Iré a pedírselo yo.
BEL.	Échasele de camino,
	con favor de los crïados
	de casa.
CARR.	Traeré de enfrente
	un lacayo muy valiente,
	de bigotes engomados,
	hombre de más libertad
	que un cochero[88].
	Vase
BEL.	Parte presto,
	que yo viviré con esto
	en mayor seguridad,
	mientras vengo a conocer
	si es Pedro o si es Felisardo.
FLO.	El fin del suceso aguardo.

---

[87] Argolla y virote: grilletes para sujetar a los presos.

[88] Libertad significa aquí desenvoltura, descaro. Era proverbial la fama de los cocheros y sus vehículos, lugar de citas y alcahuetería.

BEL. Por fuerza lo ha de tener.

Salen Lisarda y don Juan y Tiberio

LIS. ¿Libertades a mí? Pues por el siglo
de vuestro padre, que veáis muy presto
la venganza que tomo de vosotros.

TIB. Hermana, reportaos; don Juan es mozo
y en fin es vuestro hijo.

LIS. No es mi hijo.

BEL. ¿Qué es aquesto, don Juan?

D. JUAN Vuestras quimeras;
que mi madre te pone a ti la culpa.
¿Quién herrara una esclava tan hermosa?
En crueldades pararon tus melindres.

BEL. Pues ¿qué te importa a ti?

D. JUAN Mucho me importa;
que es mi mujer.

LIS. ¡Oh infame! ¿De tu boca
salen tales afrentas de tu sangre?

TIB. Dícelo con enojo; que no es hombre
don Juan que ha de afrentar nuestro linaje.

D. JUAN De veras hablo, tío.

TIB. Calla, loco.

LIS. Pues alto. Si don Juan se determina
a quererse casar con una esclava,
yo me quiero casar con un esclavo.
La mitad de la hacienda es mía.

TIB. ¡Bueno!
También eres tú loca. ¿Qué te espantas
que don Juan te parezca?

LIS. No hay cordura
con hijos atrevidos, deslenguados,
inobedientes. Hoy daremos cuenta;

          no piense que le toca su legítima[89]
          tan entera el villano; que en un año
          me ha gastado en sus deudas, en sus galas
          y en sus placeres deshonestos cinco,
          ¿cinco?, y aun más de siete mil ducados.

D. JUAN   Si pensabas casarte y pretendías
          desampararnos, sin enredos puedes
          casarte con quien ya tendrás trazado;
          que yo y mi hermana viviremos juntos
          con más honra que estamos en tu casa.

TIB.   Salte allá fuera ya; que es desvergüenza.
          ¿Así tratas las tocas[90] de tu madre?

D. JUAN   Respeto en vos las canas de mi padre.
          Sale Felisardo

FEL.   ¿Esto se puede sufrir?
          ¿Esto es bien hecho?

TIB.   ¿Qué es esto?

FEL.   ¿No basta el haberme puesto
          estos hierros sin huïr,
          sino que mandáis echarme
          argolla y virote a mí?

LIS.   Yo no lo mandé.

BEL.   Yo sí.

FEL.   Pues ¿en qué puedes culparme?

BEL.   Madre, el esclavo se va;
          yo lo sé de Zara.

LIS.   ¡Ah perro!

---

[89] Legítima: parte de la herencia que los hijos reciben sea cual sea el testamento de su progenitor.

[90] Tocado femenino propio de las viudas.

Hiérrenle, ¿no viene el hierro?

Salen Carrillo y cuatro lacayos

CARR. A punto el virote está
y la valerosa gente.

LIS. Echádsele al fugitivo.

LACAYO 1 ¡Hola, Sancho! Por Dios vivo,
que dicen que es muy valiente.

LIS. Herradle, y vamos de aquí.

FEL. ¡Qué notable confusión!

TIB. No me parece razón
herrarle.

BEL. Pues a mí sí.

Vanse y queden con Felisardo los lacayos

FEL. Llegad, perros.

CARR. Luego ¿piensas
defenderte?

FEL. Solo siente
mi valor que sois ruin gente,
no las afrentas y ofensas.

*Andan al mojicón[91] y ásenle, y en fin en el
suelo le ponen el virote*

Sois muchos. Al fin caí.

LACAYO 2 Ríndete, perro, Mahoma.

FEL. Cielos, ¿quien me adora toma
tanta venganza de mí?

LACAYO 3 Ea, perrazo, está quedo.

LACAYO 4 Remacha bien.

CARR. Bien está;
que no se le quitará
a dos tirones.

---

[91] Se dan golpes.

FEL.   Hoy puedo
decir que llegó mi mal
al extremo que podía.
LACAYO 1   Ya sabe que hoy es el día
de ser franco y liberal.
CARR.   Cuélense en esa taberna.
Llevaré veinte aceitunas;
que no ha de ser en ayunas.
LACAYO 2   Yo serviré de lanterna.
            Vanse y queda solo Felisardo con el virote
            puesto
FEL.   ¡Crüel amor!, ¿tan fieras sinrazones
tras tanta confusión, tras pena tanta?
¿De qué sirve la argolla a la garganta
a quien jamás huyó de tus prisiones?
¿Hierro por premio das a mis pasiones?
Dueño crüel, tu sinrazón espanta:
el castigo a la pena se adelanta,
y cuando sirvo bien, hierros me pones.
¡Gentil laurel, amor!, ¡buenos despojos!
¡Y en un sujeto a tus mudanzas firme,
hierro, virote, lágrimas y enojos!
Mas pienso que has querido persuadirme
que trayendo los hierros a los ojos
no pueda de la causa arrepentirme.

JORNADA TERCERA

LIS.   Reporta, Eliso, el enojo.
ELI.   ¿En qué guerra le ganaste,

Lisarda, que le trataste
como a bárbaro despojo?
¡Virote a un esclavo honrado,
y que apenas tuyo es!
¿Qué le pondrás de aquí a un mes?

LIS. Mi hija es loca, y ha dado
en aqueste desatino,
temiendo que se ha de ir.
Mas tú la puedes reñir.

ELI. ¡Por Dios, Lisarda, que vino
a lindo dueño el esclavo,
del regalo que tenía!
Pues tú sabrás algún día
quién es.

LIS. Su virtud alabo
y doy la culpa a Belisa.

ELI. ¿Es melindre errar a un hombre
que si supieras su nombre,
aunque su talle te avisa,
te movieras a piedad?
Pero ve por que la riñas.

LIS. Pondrele entre las dos niñas
de los ojos.

ELI. Regalad
a quien tan bien lo merece;
que algún día…

LIS. ¿Pues quién es?

ELI. Yo sé que sabrás después
lo que quien ama padece.

LIS. En gran confusión me pones.

ELI. No hay que preguntarme más;
presto, Lisarda, sabrás
notables transformaciones.

LIS.   ¡Oh amor!, si fuesen verdad
         las sospechas que he tenido,
         hoy a este esclavo fingido
         declaro mi voluntad.

         Vase Lisarda y sale Carrillo, lacayo

CARR.   No sé quién puede sufrir
         una mujer tan cansada.
ELI.   ¿Qué hay, Carrillo?
CARR.   Poco o nada.
         Nada se puede decir
         aquello que solo es viento;
         los melindres viento son.
ELI.   No lo son a mi pasión,
         aunque el viento es elemento
         que en fuego suele mudarse,
         y dese viento es mi fuego.
CARR.   Pésame que estés tan ciego.
ELI.   Puesto que bastara a helarse
         en sus melindres amor,
         por ser de su fuego hielo,
         yo me abraso y me desvelo.
CARR.   Si yo no fuera, señor,
         por Tiberio tan aprisa,
         lindas cosas te contara.
ELI.   ¿Son de Belisa?
CARR.   Repara
         en que la niña Belisa,
         la que un confite de mana[92]

---

[92] Confite de mana: algún tipo de caramelo o dulce que no identifico.

parte en dos para comelle,
y a quien un día vi hacelle
de solo ver una rana
dos sangrías en un hora,
ha dado en unos desmayos,
que, como el sol por sus rayos,
muestran que este esclavo adora.
En estando desmayada,
le han de llamar o morirse;
y esto viene a resumirse
en que la niña alcorzada
toma la mano al esclavo;
que dice que el corazón
siente sosiego en razón
de las uñas.

ELI.   Mucho alabo
la virtud de Pedro en ser
de Belisa medicina,
si no es que a querer se inclina
lo que no puede querer.

CARR.   ¿Por qué no? ¿No es hombre?

ELI.   Sí;
que en fin, aunque esclavo, es hombre.

CARR.   Pues si no le estorba el nombre,
está seguro de mí,
que he visto en él que la adora;
aunque finge estar cansado
de verse siempre ocupado
en curar esta señora.
Mas es hombre, y es querido,
ella hermosa y él mancebo.
No picar en tanto cebo

tan de bestia hubiera sido,
que la uña que tocara
le fuera de más provecho.
Mas ¿no miras lo que ha hecho
esta a quien la Fénix rara
urraca le parecía,
y el más galán, sayagués[93]?

ELI.   Castigo del Cielo es.

CARR.   ¡Qué bien un hombre decía
que no hay elección más fea
que en la mujer melindrosa!
Pero ¿mandas otra cosa?

ELI.   Adiós.

CARR.   Adiós.

ELI.   ¡Que se crea
de un hombre honrado y amigo
esta traición! ¿Esto aguardo
en galardón, Felisardo?
¿Tal traición usas conmigo?
¿Es posible que olvidado
de Celia, mi dama quieres?

     Sale don Juan

D. JUAN   ¿Que aquí quedaba?

ELI.   ¿Tú eres
noble, tú amigo, tú honrado?

D. JUAN   ¡Eliso mío!

ELI.   ¡Don Juan!

D. JUAN   ¿Qué esclava es esta que aquí
trujiste?

---

[93] Pastor de algunos textos literarios, caracterizado como rudo.

ELI.	¡Bueno!
D. JUAN	¡Ay de mí!
ELI.	Todos parece que están
	contra mi honor de concierto.
	¿Dirás que te agrada?
D. JUAN	Y tanto,
	que de que viva me espanto
	un hombre después de muerto.
	¿Quiéresmela dar a mí?
	¿Quiéresmela a mí vender?
ELI.	Mi venganza viene a ser
	cierta y breve por aquí.
	¿Quiéresla bien?
D. JUAN	En mi vida
	me he visto en tan triste estado;
	tanto, que tengo pensado,
	si de quién soy se me olvida,
	viéndola a mis ruegos fuerte,
	hacerla propia mujer,
	y en acabando de ser
	mi mujer, darme la muerte,
	o irme donde jamás
	visto de algún hombre sea.
ELI.	Ya que en servirla te emplea
	Amor, por quien loco estás,
	solo te puedo advertir
	que es mujer tan principal,
	que no naciste su igual.
D. JUAN	¿No es turca?
ELI.	Lo que es decir
	quién es, has de perdonarme;
	basta decirte que aciertas
	si el casamiento conciertas.

D. JUAN	¿Con ella puedo casarme?
ELI.	Por no te decir quién es, me voy.
D. JUAN	Espera.
ELI.	No puedo; que tengo a la lengua miedo, y yo te hablaré después.

Vase Eliso

D. JUAN	No en vano yo te adoraba, ¡oh prenda del alma mía!, pues el alma me advertía de aquello que yo inoraba. ¿Hay tal bien? ¿Hay tal ventura?

Sale Lisarda

LIS.	¿De qué es la ventura y bien?
D. JUAN	De que los Cielos me den una esperanza segura; de que fui Pigmaleón[94], pues se me ha vuelto mujer la que fue de piedra ayer, para mi honor y opinión. Madre, yo estoy ya casado, no me preguntéis con quién; que yo sé que os está bien, si Eliso no me ha engañado. Apercibid[95], madre mía, joyas y casa a una nuera,

---

[94] Pigmalión: personaje mítico, que se enamoró de una escultura femenina, obra de sus manos, que se convirtió en mujer de carne y hueso.

[95] Apercibir: preparar, prevenir.

que si el sol hijos tuviera,
preciarse della podría.
Ya descansaréis, señora,
del cuidado de mi estado,
ya el Cielo mujer me ha dado;
no me preguntéis agora
quién, para qué, ni por qué.
Que el quién es el bien que vi;
el para qué, para mí;
y el porqué, porque la amé.
Y ha de ser desta manera,
el cómo y cuándo se acabe:
el cómo, como Amor sabe,
y el cuándo, cuando Dios quiera.
          Vase

LIS.   ¿Qué enigmas, qué desatinos
son estos? ¿Qué loco error
de los consejos de amor?
Pero todos son caminos
para conocer que son
estos esclavos fingidos.
Pensamientos atrevidos,
tomemos resolución.
Este esclavo es caballero:
¿qué aguardo, pues que le adoro?
          Sale Belisa, furiosa, y Celia y Flora tenién-
          dola

BEL.   ¡Llamadme ese perro moro
de quien mi remedio espero!
Presto, presto, que me aprieta
fuertemente el corazón.

LIS.   ¿Qué es esto?

CEL.   Aquella pasión
que la oprime y la sujeta
a los desmayos que ves.
BEL.   Llamad a Pedro, enemigas.
LIS.   Hija, ¿de qué te fatigas?
¿Qué es esto?
BEL.   ¿No veis lo que es
esta fuerza del sentir
y este forzoso callar?
CEL.   A Pedro voy a llamar.
BEL.   No tú; Flora puede ir.
FLO.   Pues yo voy.
CEL.   ¡Que Felisardo
guste de que viva aquí!
BEL.   Madre, duélase de mí.
LIS.   ¿Qué tienes?
BEL.   La muerte aguardo.
LIS.   ¿Qué sientes?
BEL.   Un no sé qué
que me da en el corazón,
con una cierta pasión
que se siente y no se ve.
Tengo en él un arador[96]
que me escarba y hace mal,
como un granito de sal,
y aun sospecho que es menor.
Tengo el corazón tan niño,
que llora de cualquier cosa…
Madre mía, madre hermosa,

---

[96] Arador: el parásito que provoca la sarna.

              oiga, mire que la riño,
              de que no me ha regalado.
LIS.   ¡Triste! ¿Qué te puedo hacer,
              si el corazón ha de ser
              con epítimas[97] curado?
              Gasta mi hacienda en jacintos,
              en perlas, oro y corales.
BEL.   ¿No ve que son esos males
              de los que piensa distintos?
              Hágame, madre, una cuna,
              donde mezca el corazón,
              porque duerma en la pasión
              que me aflige e importuna.
              Cómpremele un vaquerito[98]
              y unos zapatos dorados,
              dele confites pintados.
LIS: ¿Estás loca?
BEL: Hable quedito;
              que pensará que es el coco.
CEL.   Será el corazón primero
              con zapatos y vaquero.
              ¿Hay tal melindre?
                Salen Flora y Felisardo
FEL.   Estoy loco.
FLO.   Ten paciencia; que has de ser
              médico desta doncella.
FEL.   ¿Téngome de andar tras ella,
              teniendo tanto que hacer?

---

[97] Preparados medicinales a base de piedras preciosas.
[98] Traje estrecho, atacado por detrás; muy usado para los niños.

	¡Por mi fe, que estamos buenos!
	¿Quién limpiará los caballos?
LIS.	Solos podemos dejallos.
CEL.	Yo me esconderé a lo menos.
LIS.	Siéntate en aquesta silla.
	Y tú, Pedro, llega a hablalla.
FEL.	¿Cómo podré yo curalla?
	Tu engaño me maravilla.
	¿Qué tengo yo, que la curan
	mis uñas? ¿Soy la gran bestia?[99]
LIS.	¿Esto te causa molestia?
FEL.	¡Gentil médico os procuran!
	¿A quien cura los caballos
	remiten vuestra salud?
LIS.	Tienes tú grande virtud.
	Ea, bien podéis dejallos.
	Acude, Flora, a tu hacienda,
	que a hablar con Tiberio voy.

Vanse Lisarda y Flora y escóndase Celia

CEL.	Cielos, escondida estoy.
	Haced que este enredo entienda.
FEL.	Ea, pues ya estoy aquí,
	¿qué he de hacer?
BEL.	Dame esa mano.
FEL.	Bien te entiendo, amor tirano;
	pero ¿qué quieres de mí?
	Adoro a Celia, aborrezco
	este melindre y enfado.
	Ya la mano os he tomado.
BEL.	Válgame amor, que enmudezco.

---

[99] Gran Bestia: se pensaba que sus uñas tenían poder curativo.

FEL: Corrido estoy que toméis
mano tan áspera y callos,
que de almohazar seis caballos
la tienen como la veis.

BEL.   Con ella descanso, Pedro.

FEL.   Pues si os hago bien, señora,
¿cómo este virote agora?
¿Por el bien que os hago medro?
¿Por qué me tratáis así,
si vuestro médico soy?

BEL.   Porque si te vas, me voy
hasta la muerte sin ti.

FEL.   ¿A cuál esclavo sin culpa
clavos y virote han puesto?

BEL.   ¡Jesús!, apriétame presto,
y no me pidas disculpa.
Aquí, aquí… ¡Qué gran dolor!

FEL.   ¿Qué tiene vuesa merced?

BEL.   Deseos de hacer merced
a quien ni aun pide favor.

FEL.   ¿Cómo es eso?

BEL.   No sé a fe.
Pónenseme unas cositas
en los ojos tamañitas,
que apenas el sol las ve.
Y éstas se me entran por ellos,
y con dulce alteración
pellizcan el corazón.

FEL.   ¡Qué lástima!

BEL.   Tenla dellos.

FEL.   Mayor la tengo de mí,
por vos con este virote.

BEL. Pues eso no te alborote,
que yo le traigo por ti.
¿Qué dije? ¡Jesús! ¿Qué es esto?
Loca estaba, necia estoy.
¡Qué desgracia! Muerta soy;
aprieta esta mano presto.

FEL. ¡Desmayose! ¿Hay cosa igual?
Vergüenza debió de ser.
Fácil está de entender
la calidad de su mal.
Pero ¡triste yo! ¿qué haré?
¿Qué remedio le he de dar?

CEL. Bien la puede remediar
vuesa merced.

FEL.   ¿Yo? ¿Por qué?

CEL. Porque quien le dio la mano,
¿Qué puede negarle ya?

FEL. ¡Qué necio tu amor está!

CEL. Necio sí, mas no liviano.
¡Ah, Felisardo! ¿qué es esto?
Pues no creas que he de estar
donde me puedas picar
tan libre y tan descompuesto.
Don Juan me quiere; yo haré
que hoy en sus brazos me veas.

FEL. Sin culpa matar deseas
quien por la tuya se ve
en tantas persecuciones.
Esta loca melindrosa
anda, mi bien, codiciosa
de que entienda sus razones.
Y es que sin duda ha sabido
o sospecha lo que soy.

        Forzado con ella estoy,
        médico violento he sido[100].
        Aquí me tomó la mano,
        y este diamante que ves
        me puso en ella; no estés
        conmigo enojada en vano.
        Sino como, en fin, despojos
        que de su vana locura
        rinde el alma a tu hermosura,
        hoy le presento a tus ojos.
        Toma el diamante, mi bien,
        y vete, no vuelva en sí.
CEL.   ¿Qué yo me vaya de aquí?
        ¡Bueno! Aunque el mundo me den.
        Toma tu diamante allá.
FEL.   Pues ¿quieres que yo me vaya?
CEL.   Sí, que si amor la desmaya,
        en ti la piedra hallará,
        y en mí el mayor desengaño.
FEL.   Pues voyme, que es ley en mí
        tu voluntad.
                Vase Felisardo
BEL.   ¿Esto oí?
        ¿Qué aguarda mi loco engaño?
        ¡Fuera! digo. ¡Muerta soy!
CEL.   ¿Qué tienes, señora mía?
BEL.   ¡Oh nube de mi alegría
        y del sol que viendo estoy!
        ¡Madre, madre! ¡Flora! ¡Gente
        de esta casa! ¡Hola, crïados!

---

[100] Violento: aquí, violentado, a la fuerza.

Sale Lisarda, Flora, Carrillo

LIS.	¿Qué es esto, tristes cuidados?
	¿Es melindre o accidente?
BEL.	No es melindre.
LIS.	Pues ¿qué ha sido?
BEL.	Ahora veréis quién son
	esclavos, y si es razón
	darle el castigo que os pido.
	Bien conocéis el diamante
	que compré en los cien escudos…
CARR.	Di más; que nos tienes mudos
	en suspensión semejante.
BEL.	Estando aquí desmayada,
	Zara a mi mano llegó,
	y el diamante me tomó.
CARR.	¡Oh perra disimulada!
	A ver la mano.
LIS.	¿Tú, Zara,
	agora das en ladrona?
CEL.	Señora…
CARR.	Calla, perrona.
FLO.	¡Ladrona! ¿Quién tal pensara?
LIS.	¿Qué disculpa puedes dar?
BEL.	Si a Carrillo no la entregas,
	si por su perdón me ruegas,
	si no la mandas pringar[101],
	cuéntame por muerta luego.
LIS.	Carrillo…

---

[101] Tormento consistente en untar de grasa ardiente el cuerpo.

CARR.   Señora…
LIS.   A ti
        la entrego.
                Vanse Lisarda y Flora
CARR.   Déjame a mí.
CEL.   ¡Señora!...
BEL.   Ponla en un fuego.
CARR.   Ya vuesa merced está,
        como ha visto, en mi poder.
CEL.   Pues bien, ¿qué quieres hacer?
CARR.   Eso agora lo verá.
        Desnúdese.
CEL.   ¿Estás en ti?
CARR.   Galga, agradezca que plugo
        a su dicha, que un verdugo
        tuviese tan noble en mí.
        Y concluya, que ha de haber
        azote y tocino ardiendo.
CEL.   ¿Tú eres hombre?
CARR.   Así lo entiendo.
CEL.   ¿Y sabes que soy mujer?
CARR.   Eso agora lo veremos.
        Desnude.
CEL.   Tiempo es de hablar.
        ¡Felisardo!
CARR.   Eso es cansar
        los aires haciendo extremos.
CEL.   ¡Felisardo, esposo mío!
CARR.   Su esposo está con Mahoma.
        Acabe.
                Sale don Juan

D. JUAN   Aunque vaya a Roma,
veréis si en mi error porfío;
y yo sé muy bien quién es...
CEL.   ¡Don Juan! ¡Señor!...
D. JUAN   ¿Qué es aquesto?
CARR.   Cuando lo sepas, verás
que causa y licencia tengo.
El diamante que tu hermana
compró ayer de aquel platero,
le hurtó la perra que miras,
la de los ojos honestos;
hanme mandado azotalla,
y yo, como ves...

Saque la espada

D. JUAN   ¡Oh perro!
¿A un ángel?
CARR.   Tente, señor.
Si es ángel, no tengas duelo;
porque si espíritus son,
y están, como ves, sin cuerpo,
mal pude yo hacerle agravio.
D. JUAN   Villano, matarte tengo.
¡Tiberio, Lisarda, Flora,
Belisa!
CEL.   Dejadle os ruego
que era en efecto mandado.
D. JUAN   Por vos, señora, le dejo.
¿Hay tal maldad, hay tal furia?
¿Hay tal envidia? Ojos bellos,
tomad venganza en los míos,
ponedme esta espada al pecho.
Veisla aquí, matadme, dadme
mil muertes, yo las merezco.

CEL.   Señor, dejadme pasar,
               que tengo a Lisarda miedo.
               Dejadme, por Dios, señor,
               porque si os hallan en esto
               y a mí con vos sin testigos
               habrá testimonios nuevos.
               Dejadme ir a la cocina,
               dejadme.
D. JUAN   Espera.
CEL.   No puedo.
                    Vase Celia
D. JUAN   ¿Hay tal crueldad? Mas, ¿qué mucho
               que huyáis de verme, pues llego
               a tiempo que un vil lacayo,
               obedeciendo al imperio
               de una mujer que es mi madre,
               intente tal sacrilegio
               a la imagen que crïaron
               con tal perfección los cielos?
               Pues mi mujer ha de ser,
               yo os desengaño y tan presto
               que os espantéis y tengáis
               por imposible el remedio.
                    Salen Tiberio y Lisarda
TIB.   Don Juan, ¿qué es esto que dices?
D. JUAN   Oíd lo que estoy diciendo,
               pues sois los dos a quien hoy
               prestar reverencia debo.
               Aquí dejastes un hombre
               que a no se escapar tan presto,
               él llevara el justo pago
               de su loco atrevimiento,

para que azotase a Zara.
Pero advertid que no quiero
que ponga nadie las manos
en mi mujer.

LIS.   ¿Qué es aquesto?
D. JUAN   Que es mi mujer.
TIB.   Cuán mejor
fuera, don Juan, llamar luego
quien al Nuncio te llevara[102].
D. JUAN   No estoy loco, no, Tiberio.
TIB.   Pues, ¿puede tales razones
decirlas un hombre cuerdo?
Rapaz, loquillo, ignorante,
estaba por darte…
D. JUAN   ¡Quedo!
TIB   …para sacarte vergüenza,
pues no la tienes en ellos,
con la mano en los carrillos.
D. JUAN   Háblame con más respeto,
que si no fueras mi tío…

        Vase don Juan

TIB.   ¿Tú a mí?
LIS.   Déjale, te ruego,
que si él se quiere casar
con una esclava, yo quiero
casarme con un esclavo.
TIB.   ¿Qué dices?
LIS.   Vengarme tengo.

---

[102] El Nuncio era el hospital de dementes de Toledo, fundado
en 1483 por el nuncio Francisco Ortiz.

	Mi hacienda la quiero dar,
	hoy me casaré con Pedro;
	que ya no puedo sufrir
	de don Juan atrevimientos
	y melindres de Belisa.
TIB.	Tan necia estás como ellos.
	Pero quiérote decir
	para los dos un remedio
	con que templarás su furia
	y puedes ponerlos miedo.
LIS.	¿Cómo?
TIB.	En la Corte, Lisarda,
	vive un cierto caballero
	cuyo nombre es Felisardo,
	parecido en tanto estremo
	a este Pedro, esclavo tuyo,
	que si los juntasen creo
	que los que más los conocen
	no pudiesen conocellos
	a tener vestido igual.
	Y pues los clavos de Pedro
	son fingidos, y el virote
	puede quitarlo y ponerlo,
	hazle vestir ricamente
	en tu casa de secreto.
	Y di que te viene a ver
	conmigo, que trato desto.
	Y fingiendo la escritura
	del tratado casamiento,
	pondrás temor a tus hijos,
	y rienda al uno en deseos,
	y al otro en tantos melindres.

LIS.   Bien me parece el consejo;
pero podrán conocer
a Pedro.

TIB.   Pues eso quiero,
porque pensarán también
que con engaño secreto
das a un esclavo tu hacienda.

LIS.   Sí, pero importa primero
instruir a Pedro en todo.

TIB.   Voyle a hablar.

LIS.   Parte, Tiberio.
Cielos, sin saber por dónde
a hallar mi remedio vengo.
Sospecho que aqueste esclavo
es el mismo caballero.
Ellos me casan de burlas
con aqueste fingimiento,
y yo de veras me caso,
porque si al alma yo creo,
¿quién duda que es Felisardo
este que parece Pedro?

Vanse y salen Belisa y Flora

BEL.   Saca unas velas aquí.

FLO.   Ya las prevengo, señora.

BEL.   Arrastra un bufete, Flora.

FLO.   ¿Quieres escribir?

BEL.   No y sí,
porque si mis pensamientos
quiero al papel remitir,
¿qué pluma basta a escribir
tan estraños sentimientos?

FLO.   ¿Cómo fue aquello de Zara,
que tanta pena te dio?

BEL.   Fingí desmayarme yo
         por que el alma se animara.
         Y cuando me dio la mano,
         púsele el diamante en ella.
FLO.   ¿A Pedro?
BEL.   Sí, que por ella
         pudo entenderme el villano.
         Mas no me quiso entender,
         pues que saliendo celosa
         esa esclava rigurosa,
         ese demonio o mujer,
         que escondida nos miraba,
         aquel diamante le dio,
         imaginando que yo,
         Flora, desmayada estaba.
         Yo, con los justos enojos
         que de su amor recibí,
         que ella me le hurtó fingí
         por desagraviar mis ojos.
         Pero no lo quedé bien
         del castigo prevenido.
FLO.   Don Juan la culpa ha tenido
         para que no se le den.
         Pero mira que has errado
         en pensar que Pedro entiende
         tu amor, pues que se defiende.
         Que lo que le has declarado
         no ha sido más que por señas.
         Y en amores desiguales
         si no eliges medios tales
         y le previenes y enseñas,
         no vendrá en conocimiento
         de tu amor.

BEL.   Si yo supiese,
            Flora, que este Pedro fuese
            quien tengo en el pensamiento,
            pienso que me atrevería
            a decirle en el rigor
            que estoy de celoso amor.
FLO.   Siempre de la luz del día
            huye la vergüenza noble.
            Noche es ya, la escuridad
            para toda libertad
            suele dar licencia al doble.
            háblale sin luz, y di:
            "Pedro, yo soy, yo te quiero".
BEL.   Los melindres considero
            con que he vivido hasta aquí.
            Pero si por castigarme
            Amor esto permitió,
            será resistirme yo
            dar armas para matarme.
            Mas, ¿sabes lo que has de hacer
            cuando Pedro venga aquí,
            para que yo pueda ansí
            esta vergüenza romper?
            Fingir que al despabilar
            las velas, mataste alguna.
FLO.   Sí, mas ¿la otra?
BEL.   Ninguna
            luz con luz ha de quedar.
            Que la del entendimiento
            tengo de cegar también,
            para que pueda más bien
            decille mi pensamiento.

             Pero retírate aquí,
             que estos los esclavos son.
                 Sale Celia y Felisardo
FEL.   Esta determinación,
             Celia, me provoca ansí.
CEL.   Detente y míralo bien.
FEL.   Yo me quiero declarar,
             que no es razón esperar
             a que alguna vez te den
             el castigo que hoy querían,
             y que un lacayo villano
             ponga en los ojos la mano
             que en luz al sol desafían.
CEL.   Míralo mejor primero.
FEL.   ¿Qué tengo ya que esperar
             si me acaban de contar
             que el navarro caballero
             hoy salió a Misa de herido[103],
             como suelen las de parto?
             Y, fuera deso, estoy harto
             de las penas que he sufrido.
             Como mal, duermo peor,
             traigo este virote aquí,
             que a no ser esto por ti
             era insufrible rigor.
             Ayer, ¡mira qué vergüenza!,
             me hicieron ir hasta el río…

---

[103] Para dar gracias por su restablecimiento. Se establece analogía con las misas "de parida", la primera a la que asisten las madres tras dar a luz.

CEL.   Mira, Felisardo mío,
         que la Fortuna comienza
         por un adverso suceso,
         y después le siguen mil.
         Confieso que el traje es vil,
         y sus trabajos confieso.
         Pero considera en mí
         no menos pena y dolor.
FEL.   Pues, ¿será sufrir mejor?
CEL.   Díceme el alma que sí.
         Salte de la sala luego,
         que allí está Belisa.
BEL.   Espera,
         Pedro.
FEL.   Tengo quehacer fuera.
CEL.   Espera.
FEL.   Temblando llego.
BEL.   No te vayas, que después
         que no esté mi madre aquí,
         tengo que hablarte.
CEL.   ¡Ay de mí!
FEL.   ¿Qué tienes?
CEL.   ¿Ya no lo ves?
FEL.   Dirás que celos.
CEL.   ¿Soy yo
         de piedra?
FEL.   Piensa, mi bien,
         que aunque mil mundos me den,
         diré a todo el mundo no.
         Salen Lisarda y Tiberio
LIS.   Esto dicen.
TIB.   Es don Juan
         mozo, no me maravillo.

LIS. Pues más me ha dicho Carrillo.
TIB. ¿Cómo?
LIS.   De concierto están
   él y sus locos amigos
   de robar la esclava.
FLO.   Agora
   es imposible, señora,
   hablarle, que hay mil testigos.
BEL. Calla, que bien sabe amor
   dar a los extremos medio.
FLO. Pues ejecuta el remedio
   por que le tenga el dolor.
BEL. ¡Flora!
FLO.   Señora…
BEL.   Esas velas
   avisa.
FEL.   Al despabilar
   llama esta loca avisar.
FLO. El amor todo es cautelas.
BEL. ¿Matástela?[104]
FLO.   Por cortalla
   baja, la vela maté.
BEL. ¿Que esto no sabes?
FLO.   No sé
   avisalla y sé matalla,
   porque quien mata no avisa;
   con estotra encenderé.
BEL. Aguarda, y te enseñaré
   cómo se avisa.

---

[104] Matar la luz: apagarla.

FLO. ¡Oh, qué risa!
La vela has muerto también.

LIS. ¿Qué es esto?

TIB. A escuras estamos.

LIS. ¿Cómo?

FLO. Las velas matamos
por avisarlas más bien.

LIS. Esta es famosa ocasión
para allegarme a mi esclavo.

BEL. Hoy de declararme acabo,
hoy le digo mi afición.

FEL. Mientras que velas encienden,
a Celia quiero acercarme.

CEL. Pues nadie puede estorbarme
de los que mi mal pretenden,
quiero acercarme a mi bien.

Vayan poco a poco, Belisa a su madre, Celia
a Flora y Felisardo a Tiberio

LIS. ¡Ah, mi bien! ¿Queréis oírme?

BEL. Pues ¿qué quiere amor tan firme,
sino que le oigáis también?

Felisardo a Tiberio

FEL. ¡Ah, mis ojos! No te enfades
desta loca pretensión.

TIB. ¿Dícesme a mí esa razón?

FEL. Luego, ¿no te persüades?

TIB. Yo bien creo que don Juan
hará cualquier desatino.

FEL. Los de Belisa imagino
que mayor pena me dan.

Celia a Flora

CEL. En fin, mi vida, ¿que das
en darme celos?

FLO.	¿Quién es?
CEL.	¿Quién es? Luego ¿no lo ves?
FLO.	En gracioso engaño estás.
CEL.	No la hables, por mi vida.
FLO.	¿A quién no tengo de hablar?

Lisarda a Belisa

BEL. No me osaba declarar,
mas ya no hay cosa que impida
decirte mi pensamiento.

LIS. Sabe Dios lo que he pasado
por haber disimulado
la fuerza de mi tormento.

Felisardo a Tiberio

FEL. ¿Quiéresme dar una mano?

TIB. ¡La mano yo! ¿Para qué?

FEL. No te enojes, pues no fue
el enojarte en mi mano.

TIB. ¡Hola, velas! ¿Qué es aquesto?
Tu voz, Lisarda, y razones
desconozco.

BEL.   ¡En qué ocasiones
mi bien, mi vergüenza has puesto!
Dame una mano.

LIS.   Y las dos.

FEL. ¿Qué la mano no me das?

TIB. ¡Velas, hola!

*Sale Carrillo con una hacha, alumbrando a
don Juan*

CARR. ¿A dónde vas?

D. JUAN Voy como un loco, por Dios.
¿Qué hacéis todos de este modo?

TIB. Lumbre estamos esperando.

BEL.	¡Con mi madre estaba hablando!
	Basta, que lo he dicho todo…
LIS.	A mi hija he declarado
	que quiero a mi esclavo bien,
	y ella me ha dicho también
	que tiene el mismo cuidado.
FEL.	Basta, que a Tiberio hablaba
	y requiebros le decía.
TIB.	Lo que entonces no entendía,
	pues Lisarda ser pensaba,
	era que Pedro, el esclavo,
	me estaba diciendo amores.
CEL.	¡Oh noche, madre de errores!
	Agora de ver acabo
	que dije amores a Flora.
LIS.	¿A qué vienes como griego
	a poner a Troya fuego?
D. JUAN	Dame mi mujer, señora,
	que la tengo de llevar
	esta noche donde veas
	que, si casarte deseas,
	también me quiero casar;
	que está más puesto en razón.
LIS.	Ve, Flora, y encierra a Zara.
D. JUAN	¿Encerrar?
TIB.	Oye y repara…
D. JUAN	¿Quién repara con pasión?
LIS.	Tú también, Pedro, con Flora
	guarda a Zara.
FEL.	Que me place;
	porque esto que don Juan hace
	es cosa injusta, señora.

D. JUAN   ¿Vos también, perro?

FEL.   Yo soy
perro desta sola huerta[105],
y mientras guardo la puerta
y por su defensa estoy,
aunque por las tapias sea,
ni entraréis ni cogeréis
la fruta que pretendéis
y ese loco amor desea.
Que tengo sembrada en ella
una tan verde esperanza,
que veréis en mi venganza
lo que pienso hacer por ella.
Si el perro cuando le agravian
no hay dueño de que se acuerde,
vos veréis qué perro os muerde,
porque amor con celos rabia.

Flora y Felisardo lleven a Celia

D. JUAN   Dejadme que esta loca desvergüenza
castigue en este bárbaro villano.

TIB.   Don Juan, detente y mira que no es justo
que a la sangre, a las canas y al consejo
pierdas respeto.

D. JUAN   Yo no he sido viejo.
Tú has sido mozo, y sabes que amor puede
en tierna edad hacer estas locuras.
Y yo no sé de tus obligaciones
el estrecho camino en que me pones.

---

[105] Juega con la imagen del perro del hortelano (refrán), que inspiró el título y argumento de una famosa comedia de Lope.

LIS.	No le respondas, déjale por loco.
D. JUAN	Dame, madre, mi esposa.
BEL.	Aunque he callado, no me ha faltado, hermano, el sentimiento debido a semejante atrevimiento. ¿Qué esposa te han de dar?
D. JUAN	Zara es mi esposa.
BEL.	¿Zara, una esclava?
D. JUAN	Pues que yo la pido, yo sé quién es.
BEL.	Pues si otra cosa sabes de lo que desta turca[106] saben todos, procede más discreto; y, como noble, harás tus diligencias allá fuera.
D. JUAN	Si os traigo aquí quien lo que digo os diga, ¿qué me diréis?
TIB.	Si alguno, como tenga crédito, nos dijere el desengaño, y pareciere justo que te cases con mujer que en la cara tiene un hierro, yo mismo quiero dártela esta noche.
D. JUAN	Parte, Carrillo, y llama a Eliso. Aguarda, vamos los dos, que hasta su padre mismo he de traer aquí.
CARR.	Señor, ¿qué intentas? Mira, por Dios, que tu linaje afrentas.
D. JUAN	Infame, ¿acaso quieres que te mate?
CARR.	¿Con esta luz no ves tu disparate?
D. JUAN	Amor es luz.

---

[106] Turco vale aquí lo mismo que moro o mahometano.

CARR.   Confieso; pero mira
          que esta hacha alumbra con aquesta cera
          y se alimenta della, y luego mira
          que volviendo su llama hacia la tierra,
          la misma cera por quien esta vive
          es de quien muerte y confusión recibe.
D. JUAN   ¡Filósofo lacayo! ¡Vive el cielo
          que te corte las piernas! Ve delante.
CARR.   ¿Qué luz podrá alumbrar a un ciego amante?
                    Vanse Carrillo y Juan
TIB.   Buena ocasión, Lisarda, me parece
          para hacer tu fingido casamiento.
LIS.   Parte, y harás que Pedro se transforme
          en Felisardo, y que a las vistas venga.
          Que yo haré que mis hijos se sosieguen.
TIB.   Yo voy, que conocerle es imposible
          sin clavos, sin virote y en el hábito
          bizarro que le tengo prevenido.
                    Vase Tiberio
LIS.   Con este engaño engañaré a Tiberio,
          que él piensa que a mis hijos doy castigo,
          y es que quiero casarme con un hombre
          que solo tiene ya de esclavo el nombre.
          ¿Sabes dónde fue Tiberio?
BEL.   ¿Fue por la Justicia acaso?
LIS.   Pues, ¿no sabes que me caso?
          ¿No has entendido el misterio?
BEL.   ¿Tú te casas?
LIS.   Esta noche
          vendrá a vistas, ya le espero.
BEL.   ¿Y quién es?
LIS.   Un caballero.

           Ya va Tiberio en el coche
           para venirse con él.
BEL.   ¿Es martelo[107] que nos das?
LIS.   ¿Martelo? Ya lo verás,
           si no le tengo por él.
           Daisme terribles enfados
           con vuestros locos antojos,
           quereisme sacar los ojos[108]
           después que os tengo crïados.
           Teneisme muy acabada,
           tú con hacer melindritos,
           comiendo yeso y barritos,
           siempre opilada y sangrada[109];
           y aquel necio inobediente
           con pedir galas, cadenas,
           y verter a manos llenas
           el oro, que no se cuente,
           juego, caballos, rameras,
           y agora querer casarse.
           Pues todo vino a acabarse,
           las burlas se han vuelto veras.
           Ya no soy madre mimosa,
           ya no lloro ni me acabo;
           aunque fuese de un esclavo
           será más honesta cosa.
           Quiero, pues que moza soy,

---

[107] Martelo: aquí, envidia, celos.

[108] Alusión al refrán: "Cría cuervos y te sacarán los ojos".

[109] Las sangrías se usaban para múltiples indicaciones. La opilación era mal femenino originado por la ingestión de barro para palidecer la tez.

tener quien mire por mí.
Hacienda tengo.

BEL.   Es ansí,
pero oídme.

LIS.   Oyendo estoy.

BEL.   Madre, la mi madre,
quejaisos de mí
que soy melindrosa:
la verdad decís.
Melindres tenía,
con ellos nací,
pero son en mozas
flores en abril.
Mas vos, mi señora,
que podéis decir
en las hidalguías
del nieto del Cid[110];
y que al seis y al siete
(sean siete mil)
os ha entrado el as,
aunque lo encubrís[111];
trocáis las edades
y sois lo que fui,
por trocar en galas
la toca y monjil.

---

[110] Alude al antiguo abolengo de la familia materna, que puede remontarse a la época del Cid.

[111] Alude simultáneamente a la edad madura de la madre y a un juego de cartas, que no identifico. Según Barrau es una alusión al juego de cartas llamado "primera", donde cada carta tiene un valor. Sumadas el seis, el siete y el as arrojan 55 puntos, la edad de Lisarda.

Si al ébano negro
que en la frente os vi
ponen ya los tiempos
lazos de marfil[112],
liviandad parece
que os caséis ansí.
Y antes de casarme,
pensamiento vil,
decís que es venganza.
¡Ay, madre!, advertid
que pues bostezáis,
señal que os dormís[113].
Las flaquezas vuestras
me cargáis a mí.
Tenéis carne y hambre,
buscáis perejil[114].
La yerba del prado
os hizo gruñir;
relinchastes, madre,
oyólo el rocín[115].
No pongáis achaques
al viernes aquí;
beberéis el agua,
pues coméis anís[116].

---

[112] Alusión a las canas.

[113] Metáfora eufemística de las ganas de casar de su madre.

[114] No apuro el simbolismo del perejil.

[115] Imagen animalística, referente a las ansias de Lisarda de ser amada.

[116] Dos motivos que no identifico. Del primero dice Barrau que tiene que ver con el refrán que recoge *Autoridades*: "Achaques al viernes para no le ayunar".

Queréis compañía,
medrosa vivís,
porque no hay maleta
que esté sin cojín[117].
Aquellos barritos
que decís de mí,
os han opilado,
quereisos morir.
Garabato sois
que al gato decís
con la boca "¡zape!",
con los ojos "¡miz!"[118].
Parecéis hormiga,
la vejez, en fin,
en alada os vuelve,
daréis que reír[119].
Parabién os doy
si ha de ser ansí,
mas miradlo bien
y esto sólo oíd:
si es viejo y sois vieja,
juntaréis allí
dos sierras heladas,
¡qué triste vivir!
Si es mozo y sois vieja,
madre, presumid,

---

[117] Barrau da otros pasajes pero no explica en sentido.

[118] Interjeciones para espantar y atraer a los gatos, respectivamente.

[119] ¿Referencia al vuelo nupcial de la hormiga, tras el cual pierde las alas?

que seréis maroma
como él volatín,
que a pies por momentos
os ha de medir,
para dar mil vueltas
al aire sutil.
Con hacienda vuestra
comerá perdiz,
vestirá de tela
algún serafín.
Haranle su Adonis
diosas de Madrid,
que vuelven peón
el mejor alfil.
Esto os digo al alma,
pero vos a mí,
que a quien quiere hacer,
¿qué sirve decir?

    Salen Tiberio y Felisardo muy galán, quita-
    do virote y clavos

TIB.   Seguro podéis entrar,
que a mí me han dado licencia.

FEL.   Aún no me atrevo a llegar.

TIB.   Pero entrad con advertencia
de que os habéis de llamar
Felisardo.

FEL.   ¡Extraña cosa!
Mi propio nombre me dice
que me llame.

LIS.   Aquí es forzosa
la paciencia.

BEL.   Esto desdice

          a tu opinión generosa.
          Viéndolo estoy, y no creo
          que te casas.
TIB.   Ya ha venido
          tu esposo.
BEL.   ¡Cielos!, ¿qué veo?
          ¿No es este Pedro?
FEL.   Aunque he sido
          guiado de mi deseo,
          quiero decir que mi amor
          trujo ese raro valor.
LIS.   Mil veces seáis bienvenido,
          que yo la dichosa he sido
          en mereceros, señor.
TIB.   Siéntense los desposados.
BEL.   Tiberio.
TIB.   ¿Qué es lo que quieres?
BEL.   ¿Es verdad que están casados?
TIB.   Casados, no, no te alteres,
          mas pienso que concertados.
BE: Pues ¿este no es Pedro?
TIB.   ¿Quién?
BEL.   Pedro, el esclavo de casa.
TIB.   ¿Estás loca?
BEL.   Y tú también.
          ¿Cómo con Pedro se casa
          mi madre?
TIB.   Míralo bien,
          que aqueste es un caballero
          que se llama Felisardo.
BEL.   Mirarle despacio quiero.
          Él es sin duda, ¿qué aguardo?

TIB. Mírale mejor primero,
que Pedro es esclavo herrado
en el rostro.

BEL. Dices bien.
Mucho me has desengañado,
aunque puede ser también
que se los haya quitado.

TIB. ¿Cómo, si en la carne están?
Mira que eso es locura,
y que por tal te tendrán.

Salen Flora y Carrillo

FLO. Así Dios me dé ventura
como es el novio galán.

CARR. No he visto en toda mi vida
cara a la de nuestro esclavo
tan propia y tan parecida.

BEL. Flora.

FLO. Señora…

BEL. Hoy acabo
esta paciencia ofendida.
¿Este no es Pedro?

FLO. Señora,
mucho le parece.

BEL. Flora,
ve a llamar a Pedro luego.

FLO. Verá que este es Pedro un ciego.
Pienso que tu madre adora
la gallardía y valor
deste esclavo, y que te engaña.

BEL. Perro, si te tiene amor
mi madre, y tan loca hazaña
cabe en su perdido honor,

no pienses que has de afrentar
mi sangre: que a mí me toca
matarte. ¡Dadme lugar!

FEL.   ¿Qué es esto?

LIS.   Una hija loca,
que hoy no se pudo encerrar.
¡Hola!, llevadla de aquí.

BEL.   Yo no soy loca, tú sí,
que con un perro te casas.

FEL.   ¡Qué lástima!

BEL.   Mucha pasas
haciendo burla de mí.

Sale Celia muy bravamente vestida, con un escudero y manto

CEL.   Pienso que a buen tiempo vengo.

TIB.   Esta dama es la madrina.

FEL.   Guardado este asiento os tengo;
aunque por prenda divina
más el del alma os prevengo.

LIS.   Aquí, señora, os sentad.

BEL.   ¿Esta no es Zara, la esclava?
Pues, perra…

TIB.   ¡Esa loca atad!

CEL.   ¿Quién es señora tan brava?

LIS.   No la escuchéis, perdonad;
que de puro melindrosa
le dan estos accidentes.

BEL.   ¿Esta no es Zara? ¿Hay tal cosa?
Pues Zara, ¿por qué consientes,
siendo tú de Pedro esposa,
que con mi madre se case?

CEL.   ¿Que de melindres perdió
el seso?

BEL.   ¡Que aquesto pase!
No sería mujer yo,
si dellos no me vengase.
Perros, ¿qué es esto?

FEL.   Crïados,
tened esa loca allá.

BEL.   ¿Mi madre y Pedro casados?

Salen don Juan y Prudencio, padre de Celia,
Eliso y la Justicia

D. JUAN   La casa de boda está;
entrad, seréis embozados.

FEL.   Tápate, Celia, ¡ay de mí!
Tu padre viene por ti.

ELISO   ¿Adónde está Felisardo?

FEL.   Eliso es este, ¿qué aguardo?

ALGUA.   ¿Quién es Felisardo aquí?

FEL.   Yo soy. ¿Qué es lo que queréis?

ALGUA.   ¿Es este?

ELISO   El mismo.

FEL.   ¿Tú, Eliso,
traes la Justicia?

ELISO.   Y es justo
castigo de un falso amigo.

FEL.   ¿Yo falso?

ELISO   Pues, ¿no se ve
si habiendo yo pretendido
a Belisa por mujer,
te casas, como se ha dicho,
y como se ve en el traje?

FEL.   ¿Yo?

ELISO   Pues ¿quién sino tú mismo?
Y para más desengaño

         de tu traición, ¿no es indicio
         haberte dejado en forma
         de esclavo, herrado y vendido,
         para que no te prendiesen
         por el pasado delito,
         y hallarte en traje de novio,
         tan galán, vistoso y rico?
FEL.   Si hallaras que eso es verdad,
         por el tiro te permito
         que la espada que me mate
         saques de mis propios tiros.
BEL.   ¿Por qué niegas, Felisardo
         lo que ha de ser como ha sido?
         Conmigo estás ya casado,
         hoy te has casado conmigo.
FEL.   ¿Yo contigo?
BEL.   Luego, ¿no?
         Flora y Carrillo lo han visto.
ELISO   Pues, ¿cómo, villano, niegas
         lo que han visto dos testigos?
LIS.   Esos no dicen verdad,
         que Belisa lo ha fingido
         de envidia de que es mi esposo.
         Y así te la doy, Eliso,
         para que tu esposa sea,
         porque Felisardo es mío.
              Celia se descubre
CEL.   Quedo, señoras, que yo
         le tengo por mi marido.
         Yo soy la propia mujer,
         y él lo diga.
FEL.   Así lo digo.

PRU.　　　¿Es Celia?
D. JUAN　　　　　La misma es.
PRU.　　　Pues, don Juan, perdón os pido
de la palabra que os di.
D. JUAN　　Todo el sentimiento mío
se templa, en viendo burladas
mi madre y mi hermana. Y digo
pues Eliso es caballero,
que a Belisa le suplico
le dé la mano.
BEL.　　　　　　　Eso es justo.
Perdón del desdén os pido,
y a Celia del tratamiento.
Que a Felisardo, pues vino
hoy al fin de su deseo,
ya no sentirá el castigo.
Y si prisión ha de haber,
quiero servirle y serviros
con mi hacienda.
ALGUA.　　　　　　Ya, señores,
aquel caballero herido
está bueno. Solo resta
hacer a los dos amigos.
FEL.　　　Vaya Tiberio y negocie
que venga a sernos padrino.
TIB.　　　Él vendrá, y yo lo seré
de Flora y del buen Carrillo.
LIS.　　　Y yo, pues no me he casado,
dando a servirles principio
doy fin.
BEL.　　　　Si es a mis melindres,
senado, perdón os pido.

Este libro, publicado por
Ediciones Rialp, S. A.,
Colombia, 63, 28016 Madrid,
se terminó de imprimir
en Ulzama Digital, S. L.,
Huarte (Navarra),
el día 1 de marzo de 2017.